Boundaries and Identities:
# The Eastern Frontier
## of the European Union

Grenze und Identität:
Die Ostgrenzen
der Europäischen Union

# Boundaries and Identities:
# The Eastern Frontier
# of the European Union

Proceedings from an
International Conference
at Tutzing, Germany,
8-10 March 1996

**edited by**
**Malcolm Anderson**
**and**
**Eberhard Bort**

University of Edinburgh
International Social Sciences Institute

The **International Social Sciences Institute** was established to encourage scholars, both from the academic world and from the professions, to contribute to the intellectual life of the Faculty of Social Sciences as non-stipendiary Visiting Associates. The International Social Sciences Institute welcomes Visiting Associates in any area related to current research interests in the Faculty of Social Sciences, but especially those who may wish to contribute to discussion of the Institute's annual theme. The International Social Sciences Institute forms part of the School for Higher Studies in the Social Sciences, which includes the Graduate School and Research Centre for Social Sciences.

ISBN: 0 9525469 2 2

Published by the International Social Sciences Institute, University of Edinburgh, Chisholm House, High School Yards, 1 Surgeon Square, Edinburgh EH1 1 LZ. Telephone: 0131 650 6384 / Fax 650 6345

Printed by: Printing Services, The University of Edinburgh

# Contents

# List of Figures and Maps

# Acknowledgements

The conference "Boundaries and Identities: The Eastern Frontier of the European Union" was made possible by a collaborative effort of our partners in Germany and Hungary. Thanks are due for initial help and financial support to the European Academy of Bavaria (Europäische Akademie Bayern) and its director, Dr Michael Jörger. Dr Michael Piazolo and the Political Academy of Tutzing were ideal hosts for the conference. But the Tutzing conference was, finally, very much the work of Dr Michael Bosch and, particularly, Sabine Leins, both of the Europa-Zentrum Tübingen. Not only did they take on the main chunk of organising the event, they also managed to secure major funding through the Department of Foreign Affairs in Bonn, which is gratefully acknowledged. Thanks also to all who participated in the conference and in putting together this publication of its proceedings.

We are grateful to the Economic and Social Research Council (ESRC, Research Grant No R00235602) for their support of the research programme based at the International Social Sciences Instute, University of Edinburgh, and directed by Professor Malcolm Anderson.

# BOUNDARIES AND IDENTITIES: THE EASTERN FRONTIER OF THE EUROPEAN UNION

## Grenze und Identität: Die Ostgrenzen der Europäischen Union

### PROGRAMME

Politische Akademie Tutzing  8 - 10 March 1996

Conference jointly organised by Europäische Akademie Bayern, Europa-Zentrum Tübingen, Euro Info Service Budapest and International Social Sciences Institute/University of Edinburgh

### Friday, 8 March

until 16.00 Registration of Participants
16.30 Introduction of Participants
The Frontiers of Europe: Introductory Address by Prof Malcolm Anderson, University of Edinburgh
18.30 Dinner
20.00 "Ich will die Grenze loben": Gedanken zur Kultur der Grenze
Keynote Address by His Excellency Jiri Grusa, Ambassador of the Czech Republic in Germany

### Saturday, 9 March

9.00 EUREGIOS - a Comparative Approach
- Regio Basiliensis, introduced by Dr Hans Briner, Basel (Switzerland)
- Regio Egrensis, introduced by Dr Tröger-Weiß (Mrs), Marktredwitz (Germany)

Round-Table Talk featuring
- Dr Tibor Szanyi, Euro Info Service, Budapest (Hungary)
- Dr Edward Wasiewicz, Kreisau Foundation for European Understanding, Wroclaw (Poland)

12.30 Lunch

15.00 Problems of Police and Customs at the Frontier
between EU States and their Neighbours in the
East
Short Presentations by
- Marlan Kalek, Head of Border Station at Olszyna/Forst
- Colonel Jerzy Pwlowarski, Head of Border Security,
Olszyna/Forst (Poland)
- Maria Horváth, Customs Administration of Hungary,
International Division
- Györgi Szelezsán, Hungarian Border Customs
- Ivo Schwarz, Director of Foreign and Border Police,
Plzen (Czech Republic)
- Dr Milos Mrkvica, Head of Migration Division, Foreign
and Border Police, Prague (Czech Republic)
- Franz Kauper, Polizeioberrat, Border Police Furth im
Wald (Germany)
- Regierungsdirektore Bauer, Main Customs Office,
Weiden (Germany)

Chair: Eberhard Bort, University of Edinburgh

18.30 Dinner
and informal talks

# Sunday, 10 March

9.00 Round Table Talk "Perspectivers of European
Developments"
- Dr Edward Wasiewicz, Wroclaw
- Dr Tiobor Szanyi, Budapest
- Dr Michael Piazolo, Tutzing
- Dr Erich Wendl, Vienna
- Dr Michael Bosch, Tübingen
- Prof Malcolm Anderson, Edinburgh
- Eberhard Bort, Edinburgh

10.30 "Deepening vs Widening. The Eastern Frontier
of the EU in the Perspective of the
Intergovernmental Conference"
A Talk given by Landrat a.D. Dr Heinz Köhler, MdL
(Bayern)

Final Plenary Discussion
Chair: Dr Erich Wendl, Klagenfurt/Vienna

12.30 Lunch
and Close of Conference

# Contributors

**Malcolm Anderson**   Director of the International Social Sciences Institute, Professor of
                       Politics, University of Edinburgh, Scotland/Germany

**Eberhard Bort**      Research Fellow, International Social Sciences Institute,
                       University of Edinburgh, Germany/Scotland

**Michael Bosch**      Director of Europa-Zentrum Tübingen, Germany

**Hans J. Briner**     Managing Director of Working Group Regio Basiliensis,
                       Switzerland

**Jiri Grusa**         Writer and intellectual, Czech Ambassador in Germany (since
                       1990), Czech Republic

**Horst Heberlein**    Judge at Bayerisches Verwaltungsgericht Würzburg, Germany

**Mária Horváth**      International Department, Hungarian Customs Service,
                       Directorate-General, Budapest, Hungary

**Heinz Köhler**       former MEP (1990-94), now MdL (member of Bavarian land
                       parliament), SPD, Germany

**Erich Wendl**        Europa Haus Klagenfurt, Austria

Introduction

# Boundaries and Identities:
# The Eastern Frontier of the European Union

## Eberhard Bort

At Edinburgh University, Professor Malcolm Anderson and myself are working on a study of the internal and external frontiers of the European Union. We concentrate on the French borders for the internal frontiers, and the emphasis lies on the eastern frontier when we look at the European Union's external frontiers.

The idea for this conference was born in June 1995, in Killarney - as far away from the eastern frontier of the European Union as is conceivably possible in Europe! On a study-trip to Ireland with the European Academy of Bavaria, a simple idea was formulated: Why not hold a conference on the eastern frontier, involving academics, politicians, and practitioners from both sides of the former "Iron Curtain", and have it somewhere closer to the borderlands than Edinburgh?

With the support of our partners, the European Academy of Bavaria in Munich, the Euro-Info-Service Budapest, and particularly the Europa-Centre in Tübingen, the conference was planned for 8 - 10 March 1996, at the Political Academy, Tutzing, in Bavaria.

Since 1989/90 this frontier, encompassing - since the accession of Finland to the EU - a common border with Russia - has undergone radical changes. And with EU enlargement on the table, it might cease being the external frontier of the EU within the foreseeable future.

This brief introduction to the proceedings of the conference is intended to give some background about our speakers and the general European political context of the theme of the conference. As both English and German were used as the conference languages, we have decided to leave the main contributions in their original language. English summaries are provided in an appendix.

We were very fortunate to have the Czech Ambassador to Bonn, Dr Jiri Grusa as our opening speaker. One of the Czech Republic's best-known writers and intellectuals, Jiri Grusa was, immediately after the "velvet revolution', sent by President Vaclav Havel to this most sensitive post in neighbouring Germany.

In Dr Hans Briner, we were in the company of one of the great architects of transfrontier regional cooperation. Operating from the Swiss borderlands of Basel and the *Regio Basiliensis*, he shared with us his infectious enthusiasm for a Europe of the Regions, built from the grassroots, a truly federal, citizens' Europe. Could the *Regio* be a useful template for cross-border cooperation along the eastern EU frontier?

Following the example of Euro-regions (particularly on Germany's western frontier), informal contacts developed into formalised cross-border institutions along the Eastern Frontier, from the regional cooperation model of Kuhmo-Kostamuksha (1992) on the Finnish-Russian border, through the German-Polish border region with the creation of the Euregios of Neisse-Nysa (1992), Spree-Neisse-Bober (1993), Pro Europa Viadrina (1993) and Pomerania (including the Szczecin industrial centre, but also the island of Bornholm/Denmark and Sweden - formally established in December 1995 as a pilot project for the revival of a Baltic Sea partnership) to the three Euregios on the German-Czech border - Elbe-Labe; Erzgebirge, Egrensis - and the Region Triagonale between Austria, Hungary and Slovakia.

Unfortunately, the Regio Egrensis, invited to the conference, could not be represented. But again we had good luck: Dr Horst Heberlein who has worked extensively on the legal aspects of cross-border cooperation, was present - and he has frequently used the Regio Egrensis as an example of this cooperation. We are very grateful to him for writing a contribution to this report at short notice.

Customs and police officers from Poland, the Czech Republic, Hungary and Bavaria/Germany offered us insights into the practical management of these borders; Dr Erich Wendl from Vienna looked at the perspectives of frontiers in Europe from an Austrian point of view; and former MEP and present member of the Bavarian state parliament Dr Heinz Köhler rounded off the conference with a close look at the wider issues of EU enlargement and the Intergovernmental Conference, which was just about to commence when we met at Tutzing.

The conference thus traced the developments and future perspectives of the "Eastern Frontier" of the European Union, particularly since the fundamental changes of 1989/90: it remains a "difficult" frontier, because it marked, for more than forty years, the "Iron Curtain", the dividing line between East and West, between two hemispheres dominated by the US and Soviet superpowers.

Symbolised by the Berlin Wall, the Eastern bloc attempted, after World War II, to seal off the frontier; crossing the border was made difficult to impossible. All that changed in 1989/90, symbolised this time by the fall of the Berlin Wall (9 November 1989) and by German unification (3 October 1990).

Hungary actually started to dismantle the Iron Curtain in 1989; 10 years of tension in Poland resulted in the first non-Communist government; the Monday demonstrations took place in East Germany, the Velvet Revolution in Prague and, finally, the incomplete revolutions in Romania and Bulgaria preceded the collapse of the Soviet Union.

Hungary, Czechoslovakia, Poland became major transit countries for people and goods; border posts , as all our customs and police officers at the conference observed, proved utterly inadequate and underdeveloped: long queues and waiting times resulted.

Illegal immigration had been a problem between West and East Germany, now it was perceived as a problem of the whole Eastern Frontier of the European Union. Enormous differences in wage levels East and West of the border, huge differences in wealth and affluence have maintained an economic dividing line along the frontier. Smuggling and organised crime (alleged Russian Mafia activities, stolen cars, smuggled cigarettes and drug trafficking) have increasingly become an issue, and led to the reinforcing of security on the German and Austrian side of the border.

With the accession of Austria and Finland to the EU, the Finnish-Russian border became the first common frontier between the EU and Russia; the historically charged frontier between Austria and Hungary became another external frontier of the EU.

Czech and Slovak separation - the "velvet divorce" - on 1 January 1993 created an additional border, with buffer/filter effects on Czech-German frontier.

Most East Central European States have applied for EU membership. Since the Copenhagen summit of 1993, enlargement of EU towards the East (and including Malta and Cyprus in the Mediterranean) is being envisaged, the strategy of which was decided on in Essen in December 1994, and the time schedule in Madrid one year later: negotiations are promised to begin half a year after the conclusion of the Intergovernmental Conference (Maastricht II) which began on 29 March 1996 and is supposed to last for up to one and a half years. East Central European states are being supported by the EU between 1995 and 1999 to the extent of 6.698 billion ECUs (see Köhler). The IGC has the task of revising the EU treaties to make the Union, as Jacques Santer put it before the Intergovernmental Conference, "fit for enlargement".

Problems are present in the Common Agricultural Policy and the structural & cohesion funds, which cast doubt on the possibility of full membership by the year 2000; long transition periods seem inevitable. Costs of enlargement were estimated at the Madrid summit to be in the region of 9 billion ECU (on the basis of 10 new members) by 2000, 12 billion ECU (by 2010) - but "horror figures" speak of 20 to 40 billion ECU.

The Visegrad states have agreed on a process of mutual consultation and cooperation. But as with cross-border cooperations, they are careful to avoid any notion of a "half-way house". Their aspiration is full membership of the European Union.

The border situation is not made easier by difficult language frontiers and historical legacies (25% of population on both sides of the border in the Szczecin region are uprooted, resettled after World War II; the Sudeten problem still casts a shadow over German-Czech relations;

and the privilege of the former GDR being embraced and aided by German unification has been regarded with suspicion by Eastern neighbours).

Parallel aspirations of joining EU and joining NATO by former Warsaw Pact states create tensions with Russia (which has been, at least until recently, firmly opposed to any eastern enlargement of NATO). It is not only Mária Horváth of Hungary who sees the danger of a new "Silk Curtain" (or "Ice Curtain" as she calls it in her contribution) as a new European dividing line, further east, as Poland, the Czech Republic, Hungary and Slovenia are likely to become NATO members, while Belarus, Armenia, Azerbaijan and Georgia realign themselves with Russia - with a grey zone in between, consisting of Bulgaria, Romania, Slovakia (formerly a prospective candidate for NATO membership), Ukraine and the Baltic states (Estonia, Latvia, Lithuania). Jiri Grusa warns that an "in-between Europe" would always mean an "in-between Russia".

Speculations that the East-West divide had been obsolete, fully replaced by the North-South divide - the new "limes" - as suggested by Jean-Christoph Rufin in his *L'empire et les nouveaux barbares* (1991), seem to have been premature.

For the foreseeable future, despite the impressive growth rates of the Central East European states (see Fig.1), the Eastern Frontier will remain problematic. Not least when, with Russia in mind, the question is seriously asked: Where are the Frontiers of Europe?

## Fig.1 Central/Eastern Europe: Economic Indicators
(supplied by Professor Bill Wallace, University of Glasgow)

| Indicator | Czech Rep | Hungary | Poland | Slovakia | Bulgaria | Romania |
|---|---|---|---|---|---|---|
| Population | 10.3m | 10.3m | 38.6m | 5.3m | 10.0m | 22.8m |
| GDP 1990 | -1.2 | -3.3 | -11.6 | -2.5 | -9.1 | -7.3 |
| GDP 1991 | -14.3 | -10.1 | -7.6 | -11.2 | -11.7 | -13.7 |
| GDP 1992 | -7.1 | -5.1 | 1.5 | -7.0 | -7.7 | -15.4 |
| GDP 1993 | -0.9 | -2.3 | 3.8 | -4.1 | -4.2 | 1.0 |
| GDP 1994 | 2.6 | 2.0 | 5.0 | 4.8 | 1.0 | 3.4 |
| GDP 1995? | 4.0 | 2.0 | 5.0 | 3.0 | 2.0 | 3.0 |
| GDP 1996? | 5.0 | 3.0 | 6.0 | 4.0 | 2.0 | 3.5 |
| Ind 1992 | -10.6 | -9.8 | 3.9 | -14.0 | -16.1 | -21.9 |
| Ind 1993 | -5.3 | 3.9 | 6.2 | -13.5 | -10.1 | 1.3 |
| Ind 1994 | 2.3 | 9.0 | 11.9 | 7.0 | 4.0 | 3.3 |
| Ind 1995? | 4.0 | 4.5 | 12.0 | 0.0 | 3.0 | 2.0 |
| Ind 1996? | 5.0 | 6.0 | 9.0 | 1.0 | 3.0 | 2.5 |
| Uemp 1992 | 2.6 | 12.3 | 13.6 | 10.4 | 15.2 | 9.6 |
| Uemp 1993 | 3.5 | 12.1 | 15.7 | 14.5 | 16.4 | 10.2 |
| Uemp 1994 | 3.2 | 10.4 | 16.0 | 14.6 | 18.5 | 10.9 |
| Uemp 1995? | 4.5 | 10.0 | 12.5 | 14.0 | 20.0 | 12.0 |
| Uemp 1996? | 4.5 | 9.0 | 12.5 | 13.5 | 20.0 | 12.5 |
| Inf 1992 | 11 | 23 | 43 | 10 | 91 | 210 |
| Inf 1993 | 21 | 23 | 35 | 23 | 73 | 256 |
| Inf 1994 | 10 | 19 | 32 | 13 | 97 | 137 |
| Inf 1995? | 08 | 24 | 20 | 10 | 75 | 45 |
| Inf 1996? | 06 | 20 | 16 | 08 | 50 | 20 |
| Bud 1992 | -0.3 | -7.0 | -6.3 | -4.4 | -9.8 | -2.0 |
| Bud 1993 | 0.1 | -5.9 | -3.0 | -6.0 | -11.0 | -1.8 |
| Bud 1994 | 2.0 | -7.5 | -3.0 | -4.0 | -9.0 | -2.5 |
| Bud 1995? | 0.0 | -5.5 | -3.5 | -4.0 | -7.0 | -2.5 |
| Bud 1996? | 0.0 | -5.0 | -3.5 | -3.5 | -6.5 | -3.5 |
| HCD mid-95 | 13bn | 33bn | 45bn | 5bn | 17bn | 6bn |
| FDI 90-94 | 2981m | 6913m | 1523m | 443m | 202m | 599m |
| Priv 1995? | 70 | 60 | 60 | 60 | 45 | 40 |

| | |
|---|---|
| GDP | Gross domestic product: percentage change on previous year |
| Ind | Industrial production : percentage change on previous year |
| Uemp | Unemployment rate : percentage of total workforce |
| Inf | Annual rate of inflation as a percentage |
| Bud | Budget balance as a percentage of GDP |
| HCD | Hard currency debt in US dollars |
| FDI | Foreign direct investment in US dollars |
| Priv | Rough estimate of percentage of economy privatised |

Various sources (EBRD Transition Report 1995, Central European Economic Review, etc)
WVW Feb 96: HE/CR-EC-6

# The Frontiers of Europe

## Malcolm Anderson

The purpose of this paper is to give a brief account of the Edinburgh-based research project which I direct with Eberhard Bort as research officer. The starting point, for which I make no claim to originality, is that the symbolic significance and practical impact of frontiers, and more generally of territorial organisation, must be understood in order to comprehend the core institutions of political entities - regions, states or groupings of states.

The objective of the Edinburgh research is to analyse arguments concerning the external frontier of the European Union and of the internal frontiers between the member states. Currently, the main arguments relate to five topics:

i.    The administration and policing of frontiers
ii.   The attitudes towards and perceptions of frontiers, particularly as instruments of "cultural defence"
iii.  The development of institutions and practices of transfrontier cooperation
iv.   Conflicts of interest over frontiers or created by frontiers
v.    The exploitation of frontier or territorial anomalies.

The aims of this comparison are to assess new factors in the territorial politics of the European Union and to identify effects of the permeable, open frontiers on the member states of the Union

## Background

The research follows on previous research both on frontier regions in western Europe (e.g. Anderson 1982, Anderson 1983 - the first publication in the general area was Anderson 1972), and on international police cooperation which originated as the study of a particular form of transfrontier cooperation (Anderson 1989, Anderson, Gilmore and Walker 1994, Anderson and den Boer 1994, Anderson and others 1996) and, especially from a general book on frontiers published by Polity Press in 1996. The experience of writing the latter showed that additional, more precisely, focussed research is necessary to advance the study of the subject.

The literature relating to frontiers and boundaries is very extensive; most of it is firmly placed within one of the well-established disciplines of law, economics, psychology, political science, social anthropology and geography with some of it in the attempts to create the new disciplines of human ecology and socio-biology. Standard works of reference (such as Day 1987, Prescott 1987 and Brownlie 1979) and some particular studies (such as Lamb 1968 and some contributors to Luard 1970) as well as the best French geopolitical writing (Foucher 1988 and some contributors such as Yves Lacoste to the geopolitical review *Hérodote*) have bridged disciplinary boundaries in some (usually limited) ways and Raimondo Strassoldo has made an ambitious attempt to transcend disciplines by adopting a general systems approach (Strassoldo 1973). Frontiers are many things in many guises; researching questions relating to them is necessarily multi-disciplinary and sometimes inter-disciplinary. Moreover, practical changes are occuring which are transforming frontiers throughout the world.

In general, new technologies in the fields of computers, tele-communications, transportation, and surveillance from space have altered the significance of the control of territory and the practical effects of political controls. The ease of crossing frontiers, of communication of huges quantities of information across frontiers, of establishing transfrontier economic and social relationships, and of utilising empty spaces has altered perceptions and assessments of frontiers as effective barriers to human activity. One copnsequence is that developed States are no longer greatly concerned to change the location of frontiers to their advantage but they are intensely concerned with the functions of frontiers and the purposes they serve. Unable to control most transfrontier transactions, a much more complex search to secure advantages is now apparent. Also, in cultural terms, frontiers have lost some of their sharp-edged quality. Participation in transfrontier and sometimes global cultures affects political identities and political institutions within States.


## What the research entails


The core of the research is to identify and analyse the political arguments about the external and internal frontiers of the European Union, against a background of empirical questions. The main questions are -

- whether there is a change in the **intensity** and **type** of exchanges across internal frontiers and the extent to which the external frontier is exclusionary.

- whether and to what extent internal frontiers continue to act as **barriers** to political and social exchanges

- whether important **breaches** have been made in the territorial principle of exclusive jurisdiction for the member states of the European Union

- whether the external frontier has less the character of a linear boundary and more of a **broad zone** (the classic conception of the imperial frontier) where the influence of the EU (and its member states) gradually fade with distance from the frontier

- whether frontiers **impose costs** (pollution, provision of additional services policing and management of the frontier, etc) and whether these costs are consistently dissimilar for the external external and internal frontiers

These are difficult empirical questions, partly because it is impossibly expensive to conduct enquiries directly on all frontiers, partly because some statistical series about transfrontier exchanges are of doubtful reliability, and partly because some fairly obvious kinds of statistics, such as those of frontier crossings by individuals, are difficult to obtain. Even in the case of externalities, precise measurement is out of the question, and the answers must be based on estimates. The aggregate data which exists is going to be collated and then the intention is to make an in depth study in particular areas and cases.

The analysis of political arguments focuses on the five main dimensions referred to in the first paragraph:

## 1. The administration and policing of frontiers

This will amplify and extend aspects of the findings of the Edinburgh European Police Cooperation project and other work (e.g Butt Philip 1989). In particular, the Schengen System for a common external frontier regime, with the SIRENE offices for coping with difficulties resulting from abolition of internal frontier controls is now being put in place (although temporarily suspended by the French government). The controversies engendered by closer European police cooperation cover civil liberties, legal, management and operational, and political questions (Den Boer 1993, Baldwin-Edwards and Hebenton 1994, Raab 1994, Walker 1993). The controversies in the next few years are likely to focus on the relationship between the K4 (Justice and Home Affairs) committee of the Council of ministers, Schengen, the European Information System, Europol and Interpol; the degree to which states will set up substitutes for systematic control on persons at the internal frontiers; "leaky" external frontiers; when and whether the External Frontiers Convention will be ratified; perceptions of security threats posed by "inadequate" policing of frontiers; variations in immigration policy between members states; the relationship between policing and emergent European citizenship rights (Anderson, den Boer and Miller 1994).

On internal frontiers a considerable number of bilateral frontier agreements exist for the policing and administration of certain frontiers and there are arguments about whether some should be maintained and how they should be modified. Having a common frontier regime for all internal frontiers would seem an inevitable consequence of closer political union but a specific proposal is not yet on the political agenda.

On the external frontier an argument which is growing more complex and controversial is the function of the East-Central European states as a "cordon sanitaire" or buffer zone for crime control, immigration control and, yet to be defined, general security purposes. This also impinges on the last point in dimension 4 below.

## 2. Attitudes towards and perceptions of frontiers particularly as instruments of "cultural defence"

This broad field of political argument is difficult to define. There is a clear link between frontiers and identities, whether that identity be national (e.g. French), regional (e.g. Bavarian), or local (e.g. the Alto Adige), in the sense that to have a sense of identity there must be a limit to it beyond which is "the other". With the dissolving frontiers within the European Union as limits of "security communities" and the dismantling of frontier controls, frontiers are increasingly becoming symbolic - they mark the limits of the area in which people with certain cultural marks of identity are in the majority. This alters perceptions of frontiers after a period in which the sense of identity of the major European nations seemed to be becoming less exclusive and during which, in Stanley Hoffman's phrase, there seemed to be "a disappearance of the past" (Hoffman 1981), and a growing sense, sometimes deliberately and officially sponsored of a European cultural identity. Whether other boundaries will become relatively more important than State frontiers in defining personal and group identity. The anthropologist, Anthony Cohen, has suggested (Cohen 1986 17) - "Where cultural difference was formerly underpinned also by structural boundaries, these have now given way to boundaries which inhere in the mind: symbolic boundaries." In other words complex identities may be in process of creation in Europe, with the state frontier being only one boundary, amongst several, making up these identities.

Cultural trends are by no means uniform and counter examples and trends are easy to identify.

A certain reaction against "Europeanization" and internatio-nalisation has been occuring in 1990s with a resurgence of nationalism and a revival of interest in national traditions. This is partly because of some important intellectual contributions (e.g. Nora 1986-93), partly because of popular reactions against immigrants from different cultural backgrounds and partly, through a long period of political change and economic difficulties, popular belief in the value and effectiveness of European and international organizations has declined. Both national and regional frontiers are being re-considered as instruments of cultural defence, with the French campaign for the "exception culturelle" during the conclusion of the GATT Uraguay Round being the most publicised example. At the sub-state level a current Edinburgh-Madrid collaborative research project is comparing Scotland and Catalonia. The political arguments about the issue of cultural defence are often crude and confused but a real issue is at stake.

## 3. The development of instruments and institutions of transfrontier cooperation at local and regional level

When the number and intensity of transactions between neighbouring local and regional authorities separated by an inter-state frontier within the European Union approaches those between neighbouring authorities within the same state, then frontiers within the EU may be said to be abolished.

One way in which progress can be assessed is by examining the arguments about the transfrontier associations and sometimes the transfrontier institutions (e.g. the bi-partite and tri-partite commissions for the Upper Rhine) which bring together regional and local authorities in different countries. These have changed their characteristics since they first appeared in the 1950s (Anderson 1983) and have posed some interesting and significant legal problems (Dupuy 1983). They now cover all the land frontiers of the EU and some bridge the external frontier such as ARGE-ALP (which includes Slovenia and Croatia as well as Austrian, Italian and Swiss authorities) as well as the earliest in the field of land-use planning and economic development, the REGIO based on Basel. Some have either been created (Working Committee of the Pyrenees) or have been revived (Alpazur) with the completion of the internal market in view. This has created an even more urgent need to know about industrial location decisions and land-use planning on the other side of frontiers (Vernier 1993). These transfrontier associations also bridge the external frontiers of the European Union (such as the three Euregio spanning the Polish-German border) and the differences and similarities between these and on intra-European Union countries have yet to be explores.

There are a range of environmental policy (siting of nuclear power stations, improvement of transport facilities), social policy (transfrontier workers, immigrants), transport policy (road and rail links), education and training policies (joint ventures) issues which are increasing business between neighbouring local and regional governments, and between them an the European Commission, and sometimes setting them at odds with central governments. A new kind of politics has undoubtedly emerged and with it a new set of arguments.

## 4. Conflicts of interest over frontiers or created by frontiers

These are of various kinds for the internal and external frontiers.

The problem of externalities created by frontiers between member states (but not the external frontier) of the EU should, in principle, disappear with the full implementation of the internal market. There should not, in principle, be any impediments to mutually advantageous trades and everyone within the market will subject to the same ground rules concerning the environment, employment practices, and all matters which otherwise allow firms to escape some of the costs of their activities. The argument is whether this has in fact been achieved and whether it is perceived to have been achieved by populations which suffer, for example, from downstream pollution of the Rhine.

There are still arguments about access to public goods and even about the purchase of private property situated across a frontier, although again, in principle, this should not happen. Access to legal redress across frontiers also remains difficult, although in principle any citizen of a member state can raise a civil action in the courts of any other member state; this particularly affects the inhabitants of frontier regions.

There are few arguments about the location of frontiers between states in the EU and these are usually made by militant minorities but transfrontier "communities of interest" are emerging in areas like the upper Rhine and the Pyrenees which have the potential to be troublesome for governments in a different way from the familiar ones created by ethnic and linguistic minorities.

On the external frontier, the main area of conflict arises when a member state has, based on a calculation of national interest, a frontier policy which is a variance with the view of other member states. The question of the former Yugoslav Republic of Macedonia is the most difficult case which has arisen when Greece was at odds with all her EC partners.

## 5 The exploitation of territorial anomalies

There are a large number of territorial anomalies which make it impossible for the European Union to establish a consistent external frontier regime. No one example, taken in isolation presents large problems but taken together, and the possibilities offered by them are ruthlessly exploited, they pose a threat which could undermine EU policies, because of different customs and tax regimes, different residence and visa requirements, different law enforcement procedures, etc. They are being reviewed by the Commission of the EU: some will disappear in due course but others may increase in importance since their existence and facilities which they offer are valuable to powerful interests (not all of them lawful). These territorial anomalies are of the following types -

- sovereign micro-states which are enclaves in EU territory;
- exclaves in Switzerland and Germany;
- "free zones" and territories which are not considered parts of the national territory for customs purposes;
- territories linked to the member states which are not considered part of the EU or its customs territory;
- dependencies and overseas territories with different tax regimes.

The difference between Spain and the UK over Gibraltar, an apparently peripheral issue, is holding up agreement on the External Frontier Convention. A general settlement of the territorial anomalies, which the European Commission would like to see, raises a wide range of jurisdictional issues.

## Sources

Sources for this research are many and various. These include -

- European data bases - these are the source of three major kinds of information - Legal documentation, references to frontiers in the papers and discussions in the institutions of the European Union, statistics about cross-border flows

- International treaties, conventions, agreements and letters of understanding
- Parliamentary and official papers in selected European countries
- National statistical series
- Publications of professional associations and pressure groups
- Newspaper and periodical press
- Public opinion surveys
- Interviews and participant observation
- Information derived from the networks described above

## Research procedures

The intention, as previously stated, is to examine general arguments about frontiers against the background of the answers to some empirical questions. The potential amount of information relevant to the subject matter is vast and some selectivity is required. In both the selection and data-gathering, utilisation of the networks described in the organisational and institutional section is an essential part of the research process and a priority is to build up and maintain this network.

In terms of geographical selectivity initial areas of concentration are the internal frontiers between France and her neighbours and the external frontiers between Italy and Germany and their eastern neighbours. The French frontiers provide interesting contrast - the Channel divides a member from a non member of the Schengen system, a founder member of the EEC from an apparently reluctant member of the EU; the Rhine separates the lynch-pin countries of the EU and transfrontier cooperation at the local level has a long and fruitful history; the frontier running through the maritime Alps is regarded as a significant passage for illegal immigrants and across which mafia-type criminal activities have spread; transfrontier cooperation on the Pyrenees has a troubled recent history and also illustrates the problems of cooperation between countries with different constitutional and administrative systems.

Relevant public opinion surveys are few in number and some have been exploited before (Doggan 1993); this will not be a major element in the enquiry although further searches may alter this view.

Interviews with central government and locally based officials responsible for frontier policy and transfrontier cooperation, as well as some politicians, is essential research tool. This is an area in which we need most help from scholars in the EU member countries and in neighbouring countries.

Participant observation is possible. When I was enquiring into frontier regions, I was given access to transfrontier meetings of mayors and land-use planning officials in the Upper Rhine region. I have been present at meetings of elected representatives and officials on the Franco-Spanish frontier. Information gained is not often directly useful but indirectly gives valuable insight into the dynamics of transfrontier cooperation.

## Conclusion

The conclusion of the research will be a series of statements about the level of administrative, regulatory, political, social and cultural integration which has been achieved in the European Union. This is not expected to be even over the whole territory of the European Union and indeed some of the external frontiers of the EU may be more "open" in some senses than the frontiers which divide member states. Global economic technological change may affect some frontiers more than others and some tentative conclusions will be reached on this.

The main conclusion will be an assessment of the role of frontiers in political debate in Europe - the extent to which preservation of frontiers and control of frontier functions are seen as central or peripheral issues.

## References

M. Anderson (1972), "Regional Identity and Political Change: the Case of Alsace from the Third to the Fifth Republic," *Political Studies* 20 17-30.

M. Anderson (1982), "Scenarios for Conflict in Frontier Regions," in R. Strassoldo, G. Delli Zotti, eds, *Cooperation and Conflict in Border Areas*, Franco Angeli 1982.

M. Anderson (1989), *Policing the World: Interpol and the Politics of International Police Cooperation*, Oxford University Press.

M. Anderson (1983), *Frontier Regions in Western Europe*, Frank Cass.

M. Anderson (1993), "Introduction", in ECSA-Europe, *The Legal, Economic and Administrative Adaptations of the Central European Countries to the European Community*, Nomos Verlagsgesellschaft.

M. Anderson, M. den Boer (1994), eds, *Policing Across National Boundaries*, Pinter.

M. Anderson, M. den Boer, G. Miller (1994), "European Citizenship and
    Cooperation in Justice and Home Affairs," in J. Pinder, R. Pryce,
    eds., *Maastricht and Beyond*, Routledge.
M. Anderson, W. Gilmore, N. Walker (1994), *Final Report*, ESRC Project
    RR000 23 2639.
M. Anderson, M. den Boer, P. Cullen, W. Gilmore, C. Raab, N. Walker
    (1995), *Policing the European Union*, Oxford University Press.
M. Anderson (1996), *Frontiers*, Polity.
I. Brownlie (1979), *African Boundaries: a Legal and Diplomatic
    Encyclopedia*, Oxford University Press.
M. Baldwin Edwards, B. Hebenton, "Will SIS be Europe's 'Big Brother'?"
    in M. Anderson, M. den Boer (1994).
A. Butt Philip (1989), *Border Controls. Who needs them?* Chatham House
    Pamphlet no 17.
Cohen, A. P. (ed). 1986: *Symbolising Boundaries*. Manchester: Manchester
    University Press.
A. J. Day (1987) ed., *Border and Territorial Disputes*, Keesings Reference
    Publications 2nd edition.
M. Doggan (1993), "Le Nationalisme en Europe: Déclin à l'Ouest,
    Résurgence à l'Est," in E. Philippart, ed., *Nationalisme et Frontières
    dans la Nouvelle Europe*, Editions Complexe.
M. Foucher(1988), *Fronts et Frontières*, Fayard.
S. Hoffman (1981), P. Kitromilides, *Culture and Society in Contemporary
    Europe*, Allen & Unwin.
A. Lamb (1968), *Asian Frontiers. Studies in a Continuing Problem*, Pall
    Mall Press.
E. Luard (1970) ed., *The International Regulation of Frontier Disputes*,
    Chatto and Windus.
P. Nora (1986-), *Les Lieux de Mémoire*, Gallimard 5 vols to date.
J. R. V. Prescott (1987), *Political Frontiers and Boundaries*, Allen &
    Unwin.
C. D. Raab (1994), "Police Cooperation and the Prospects for Privacy," in
    M. Anderson, M. den Boer (1994).
R. Strassoldo (1973) ed., *Frontiers and Regions*, Lint 1973.
A. Vernier (1993), *Rapport sur l'Amènagement du Territoire dans  les
    Régions Frontalières*, CFTC - Institut de Recherches Economiques
    et Sociales.

# "Ich will die Grenze loben": Gedanken zur Kultur der Grenze

## Jiri Grusa

Meine Damen und Herren,

Ihr Thema war verlockend. Ich ließ es mir nicht nehmen, mich "einzudenken", obwohl das Alltagsgeschäft mich mit Fragen der Grenze, dere legalen und illegalen, überschüttet.

Aber ab und zu ist es angebracht, Perspektiven anzustreben, die die Grenzen aufheben, den Lebensstrom befreien, um ihn breiter zu binden und tiefer daraus zu schöpfen. Denn die Sprengung und Setzung der Grenze ist etwas uraltes. Bereits der berühmte Satz: Am Anfang war das Wort - könnte im Sinne der Grenze gedeutet werden.

Das Wort heißt doch die Grenze des Wortlosen. Im Tschechischen verstehen wir das Substantiv "Grenze" noch in dessen Wurzeln. *Hranice* stammt von *hrana*, die Kante, meint also etwas, wovon man abstürzt oder worauf man hinaufklettert. Etwas, das wehtut beim Anstoßen und hilft - beim Ankern. Hier sind wir dem Zweck meiner Rede näher.

Denn ich will die Grenze loben.

Auf dem Seegrund unserer Weisheit liegt noch ein anderer Spruch, älter und nicht weniger fundamental als der des Evangelisten.

Am Anfang war das Grenzenlose.

So klingt dieses erste Fragment des philosophierenden Abendlandes, so wird es bis heute eingepaukt. Nicht einmal die Marxisten zu meiner Jugendzeit haben es abgeschafft. Im Unterschied zu dem *Logos*, jenem zum Fleisch gewordenen Wort der Bibel, ließen sie das *Apeiron*, das Grenzenlose, zu. Dieses Grenzenlose, "woraus das Werden sei der seienden Dinge", schien dem Marxismus ähnlich "schrankenlos" zu sein, so wie er selbst sich fühlte.

Man hat die halbe Welt zu einem Labor gemacht und wollte das Werden testen.

Aber "seiende Dinge" sind seiende Grenzen. Sie haben das Grenzenlose mutig verlassen, um Grenzen zu bekommen - Dinge zu werden. Sie vertragen am wenigsten die Rückkehr dorthin. Und derjenige, der meint, sie grenzenlos formen zu dürfen, befreit das Formlose, statt etwas neues zu formen. Das Desaster liegt heute auf der Hand, das *Apeiron* läßt grüßen. Das Durcheinander und Gegeneinander im Osten Europas hat mit einem Schlag die starren Strukturen des Ostblocks ersetzt. Das Chaos kam.

Und siehe da, es ist als möchte sich jetzt seine Macht auch derjenigen bemächtigen, die im Westen nur zuschauen wollten.

Auf eine ungeahnte Weise erinnert der alte griechische Begriff an das, was heute die Chaostheorien mit ihren Computer-Graffiti zeigen. Eine Welt ohne von außen kommenden Sinn. Als gäbe es nur fragile Konstruktionen von etwas, bloß Sinn-Bilder mit einer befristeten Gewähr... so lange der Rahmen hält - eben, die Grenze.

Aber die Grenze - nur unser Werk, nicht garantiert durch das Wort des Anfangs? Eine unstete und immer bebende Grenze?

Alles herausgerissen - für eine Weile. Licht und Nacht, Leben und Tod, Freund und Feind, alles nur kurzfristige Begrenzung von etwas?

Das Haus ist Grenze zum Dorf, die Stadt zum Land - und so weiter, alles "er-grenzt" - möchte man sagen.

Persönliche Identität meint Grenze, die Grenze des Meinigsten. Kollektive Identität als Gruppenerinnerung innerhalb eines aufs neue abzusteckenden Gebiets. Tradition - als ausgrenzendes Wollen. Mit ihrer Hilfe wecken wir Tote, die Stifter unseres Andersseins.

Was für ein Irrtum zu behaupten, sie weisen uns an! Sie tun es nur, wenn wir bereit sind uns einzugrenzen - wie sie es taten.

Wir kommen blindlings auf die Welt, die uns von denen, die uns blindlings wollten, "habhaft" gemacht wird - durch Differenzen, die man darin schuf.

Jedes Zuhause heißt, die zyklische Zeit zu leben. Die Nähe zu erleben, das Grenzenlose fernzuhalten.

Selbst das Böse ist Grenze, es agiert nicht so, wie wir es uns dachten - und wie es eigentlich richtig wäre - als Hefe, mit deren Hilfe am Ende doch noch ein eßbarer Kuchen entsteht, sondern nach seinem Gutdünken, wenn es uns nicht gelingt, es aufzuhalten.

Und natürlich, auch die Zeit scheint Grenze zu sein, die Grenze dessen, was man abgrenzen kann. Die Grenze der Herausholbarkeit der seienden Dinge.

Wie bekannt, auch im Privaten gibt es kaum etwas gefährlicheres als eine grenzenlose Liebe. Vielleicht aus dem einfachen Grund, daß eben Grenzenloses niemals zu umarmen ist. Es verschluckt seine Liebhaber, anstatt sie mit wahrem Sein zu füttern, wie mancher glaubte. Siehe: Amor fati. Mit dem Grenzenlosen scherzt man nicht, weil es das gibt.

Wie überschreitet man also eine Grenze und bleibt zugleich zu Hause?

Meine Damen und Herren, ich nehme an, daß dies Ihre Frage war?

Wie verflicht man einander, ohne zu ersticken? Wie kommt man hinüber, ohne umzukommen? Mit anderen Worten, wie überquert man Grenzen ohne die unmenschliche Art der Grenzüberschreitung? Ohne den *Agon*, den Krieg, diesen anderen Ursprung aller Dinge? Um bei den altgriechischen Termini zu bleiben. Nach Anxmindros also, auch Heraklit zu nennen, der Kampf für den Vater der Welt hielt.

Eigentlich stellen Sie mir eine sehr undeutsche Frage. Oder vielleicht noch besser: eine hoffnungsvoll neu-deutsche. Denn altdeutsch gesehen, wäre die Antwort simpel.

Die alten deutschen Dynamisten - und mit ihnen auch viele tschechische Nachahmer - hätten hier schnell Bescheid gewußt. Marxistisch oder Nietzschanisch hätte man uns erwidert: das Ja zum Kampf ist alles. Wenn schon der Logos, das "Wort des Anfangs", nicht viel bewirkt, so sind wir die Schaffer des Ungeahnten. Kämpfend erleben wir uns wahrhaftig, die Ausnahme ist unsere Regel. Allzeit bereit, das Außerordentliche zu leisten, stellen wir das rein Existentielle über das bloß Normativ-Numerische und werden dadurch als überlegen bestätigt.

Das Leben sei zu "ersterben", nicht zu erdulden! Laßt uns in dem Goldenen Schnitt siedeln, in dieser berühmten Schneide, die Ordnung von dem Chaos teilt und somit verbindet. Laßt uns selbst die Grenze sein!

Wunderschön gedacht, und weh dem Dichter, der sich zumindest für einige Tage seines Reifwerdens nicht ähnlich gefühlt und nicht ähnlich geglaubt hätte.

Doch Grenze ist kein Sitz, nur ein Formprinzip, und dadurch keine Tankstelle, aus der man einen Schlauch in das Unerschöpfliche hinauswerfen könnte, um dann am Tropf zu hängen. Es gibt keine Intensivstation des Seins.

Grenze als solche bleibt unbewohnbar! Das Beschwören des Grenzlosen wirft uns nur an unsere eigene Grenze. Es bringt Begrenztheit mit sich, macht nicht freier, sondern enger.

Grenze zu loben - und das tue ich hier - heißt also, die Grenze der Grenze zu kennen. Besonders heute, nachdem es uns gelungen war, die scheinbar unermeßliche Erde so zu schmälern, daß sie selbst zur Grenze wurde. Zu einem *limes*, der beinahe alles limitiert.

Strebend nach Vergrößerungen und Erweiterungen sind wir in ein Weltdorf geraten. *The global village* ist keine Metapher mehr, es ist eine nüchterne Beschreibung unseres Wohnorts.

Damit aber verwandelten wir uns allesamt in die Anreiner des *Apeirons*. Die Köpfe - kluge wie doofe - sind limitiert, die Schätze - rar und zählbar. Bald werden keine Reiche mehr zu haben sein. Nur summende Pueblos labyrinthischer Enge, verwachsen, vernetzt. Unheimlich, unverständlich. Ein riesiges böhmisches Dorf!

Als Botschafter der gewissermaßen Vereinigten Böhmischen Dörfer, und somit geschult in Vor- und Nachteilen des Milieus, beobachte ich amüsiert, wie sich die Welt uns angleicht.

Und wie darin kein ewig sich erhebender Heros siegt, kein vom Knecht zum Herrn emporgestiegener Proletarier, der der heiligen Evolution in den Hintern tritt, wenn diese nicht flott genug macht..., der böhmische Bastler scheint zu kommen, der Vergesser des Seins, der Sichdurchwurstler!

Das Nervensystem seines Dorfes ist ständig erregt von Kleinnachrichten; je eingepferchter der Ort, um so größer die Geschichte als Anek-dote, Geschehnis, Vorkommen. Zufall, ja Unfall, sind hier die Mächte. Die sich verlaufenden und läufigen Katzen und das Budget der Gemeinde als Zerwürfnis. Der Tod des Kanarienvogels und der der Oma beim Nachbarn auf gleicher Stufe der Erzählbarkeit, der ständige Kontakt, oral und visuell. Jeder ist gleich oder gleicher. Schaut ins Fenster des anderen, ärgert sich, aber wundert sich nicht, wenn bei ihm hineingeschaut wird.

Selbst die Würdenträger liebt man am meisten und kennt man am besten in der Unterhose.

Ist dies schon jetzt, meine Damen und Herren, nicht Ihre Welt?

Schauen sie nicht in das Allerheiligste bei Clintons Katze?

Sehen Sie nicht den Wetterdienst als genauso abschaltbar wie den Gottesdienst an? Und das, was man früher "Sternstunden" nannte, werden das heute nicht bloße *events*? So sind wir eben, wir Weltdörfler.

Die Geschichte als Panne von nebenan, als Geburtstags- oder Begräbnisfest bei den Leuten.

In unserem Welt-Dorf gibt es zwar noch einige Höfe mit fremdartig armen Elementen, doch auch diese sind keineswegs unerreichbar, sie bleiben nur unbesucht. Und suchen uns heim.

Etwas an unserem Dorf ist dennoch neu: erreichbar heißt nicht beherrschbar. Ansprechbar heißt nicht, erhörbar zu sein.

Diese neue Mündlichkeit macht unmündig; diese neue Sichtbarkeit kennt keine Sichtweite. Nähe ist ferne. Das Grenzenlose, weil es so um die Ecke liegt, droht die wichtigste Grenze zu verwischen, die uns zu uns macht, zu Individuen.

Unsere Fähigkeit, uns selbst zu unterscheiden, wird schwächer. Ist ein Individuum eben das, was man nicht mehr dividieren kann, so mutieren wir zu "Dividuen", zu den Chaos-Trägern.

Oh Gott, das tönt sehr schwarzprophetisch, und nichts wäre mir fremder, als hier eine Götterdämmerung vorzupauken. In Dörfern, übrigens, werden die Mahner sehr schnell zu Dorfnarren. Dies ist hier also keine Klage über die Krise der Menschheit, sondern wiederum: das Lob der Grenze.

Für mich ist Krise - *krisis*. Eben die Grenze der Wahl. Jene Entscheidung, die man trifft, auch wenn man ausweicht, bei der man das Risiko eingeht, das Erkennbare nicht nur zu erkennen, sondern zu ergreifen.

Ein Beispiel:

Es gab einen unermeßlichen Ozean, dann eine Vermutung, daß hinter diesem etwas liegen könnte. Es mußte aber einen kühnen Mann geben, der es wagte loszusegeln. wie bekannt, entdeckte er die neue Welt.

Ozean - das Unermeßliche, Vermutung - das Ermessene und Mut - das Eigene zu wagen. Daran sind wir gewöhnt, selbst wenn wir nicht mitmachen oder uns dagegen stemmen. Ist aber aus einem Weltdorf heraus eine neue Welt zu entdecken?

Das *Apeiron* liegt jetzt sozusagen am Dorfende. Denn die seienden Dinge sind so mannigfaltig geworden, daß sie selbst ihre eigene Unermeßlichkeit haben. Wie kann man hier ermessen, wie wählt man hier aus? Wie schafft man hier die Grenzen zwischen bekannt und unbekannt? Vielleicht nur auf die einzige Art, mit dem Wissen, daß sie zugleich nicht ausgrenzen müssen. Mit dem Wissen also, daß es feinere Meßregeln für feinere Differenzierungen gibt, indem man Grenzen kennt, die Deiche sind.

Trockenlegung des Altlandes, Schadensbegrenzung, das sind die passenden Worte im Weltdorf. Auch hier ist Gefahr vorhanden, die unsereiner braucht, um nicht zu erstarren. Aber das Risiko will uns - nicht umgekehrt.

Es ist der Mut der Klugheit, der hier wirkt. Er bringt nicht die Welt zu Fall, sondern er macht sie zu einem. Diese Grenze ist Entfeindung.

Ich höre schon Ihr Murmeln. Schöne Worte, die man nicht praktisch fassen kann. Was bedeutet das - in unserem trüben europäischen Wasser - Deiche zu bauen?

Der Einwand ist richtig, darum möchte ich mich auf das - wahrlich - unstete Terrain des Praktischen wagen. Natürlich mich darauf beschränkend, was ich kenne: auf den Raum der europäischen Mitte und dessen östliche Konnotationen.

Die Amerikaner nennen ihn trefflich *Central-East Europe*. Das alte Adäquat "Mitteleuropa" wirkt ein wenig irreführend. Es ruft sofort politische Konzepte ins Gedächtnis, mit denen ich nicht viel zu tun habe.

Der erstere Terminus ist trockener - passender für die Landschaft der Überflutung - , darum möchte ich ihn beibehalten.

Hier liegt mein Tschechien. Obwohl das Kürzel noch Schwierigkeiten macht, ist es kein Neuling unter den Staaten, die jetzt das postkommunistische Euro-Asien beleben.

Es ist ein altes Gebilde. Zusammen mit Polen und Ungarn, historisch und soziologisch, bildete es eine Enclave, in der latinisierte, vorwiegend slawische Ethnien, eine erfolgreiche Verlängerung des Westens betrieben haben.

"Rom" und "Reich" als bildende Einflüsse, angereichert um den jüdischen Handels-Skill, Universitäten, Dome und Stadtrecht und das sprachliche Durcheinander, das meistens auch Unterschiede in der gesellschaftlichen Schichtung aufwies, charakterisieren uns. Und der Hochadel, mehr oder weniger übernational und höchstens landespatriotisch, Dynastien heimatlicher Herkunft, als Kern der feudalen Staatlichkeit.

Man hat hier in den Zeiten des Gedeihens eine klare "Westpolitik" betrieben. Dieses "Central-East Europe" litt nach der Schmähung des Heiligen Römischen Reiches, und dessen Ende unter dem Anprall der Randmächte - der Türkei, Preussens und Rußlands -, fand partiell sein politisches Asyl in der Donau-Monarchie; doch mit deren Untergang wurde es zum "Zwischen-Europa".

Im Zeitalter des Rationalismus schien es irrational. Im Zeitalter des Absolutismus relativ. Im Zeitalter des Nationalismus von keinem der einzelnen Völker nationalisierbar; in der Ära der Massenschlachten nicht maßgebend. In der Unzeit der reinen Rassen - die wahrste Promenadenmischung.

Als Dispositionsobjekt zuerst des nationalen und später des international realen Sozialismus ging es zugrunde. Nach der Implosion des letzteren erschien es jedoch wieder, und Tschechien ist, ähnlich wie einst die böhmische Krone, sein wichtigster Teil. Polen, Ungarn die bekannten Kontrahenten; Slowakei, Slowenien und das Baltikum die Mitdörfler und Nichten.

Diese neu-alte Position der Tschechen erfreut ihr Selbstverständnis. Man sieht endlich eine Chance, an die kulturpolitische Vernetzung von einst anzuknüpfen. Ähnliches gilt gewiß auch für die anderen, oben erwähnten Staaten. Die geschichtliche Basis jedoch ist eine sehr tückische Vorleistung. Man kann sich nicht seine Eltern aussuchen, seine eigene Genealogie aber sehr wohl. Und kollektive Genealogien sind meistens nur polemische Erinnerungen des schlechten Gedächtnisses - lies: der Eitelkeit.

Wie sieht es also mit der mittelosteuropäischen Erinnerung aus?

Wie in der ganzen postkommunistischen Welt, stößt man auch hier nur auf zwei Gedächtnisformen, auf die pränationale und die nationale. Der dritte Typus - die postnationale Prägung - fehlt.

Pränational, national und postnational sind Adjektiva, die hier das politische *Know-How* beschreiben.

Oft denke ich an Probleme des Wilhelminischen Deutschlands, wenn ich unsere Komplikationen näherbringen will. Das Reich, abrupt und aus der feudalen Kleinstaaterei entstanden, strebte ebenfalls eine Modernisierung an, war folglich nicht ohne agrarisch pränationale Komponenten - und steckte mit einem Fuß in dem Völkergemisch des Ostens. Schon damals gab es eine polnische Frage.

Ähnlich unser Central-East Europe. Auch das taucht abrupt aus Schatten und Lähmung auf. Auch das - vielleicht mit Ausnahme eben Tschechiens - liefert mehr halbentwickelte Traditionen des politischen Systems und der gesellschaftlichen Organisiertheit im Ganzen.

Die Religionen haben auch hier ihre feudale Position eingebüßt, nicht aber die Kraft, prägende Modelle für die Sakralisierung der Politik zu liefern.

Der Zusammenbruch des Kommunismus entblößte somit die ältesten religiösen Grenzziehungen Europas. Weil die kommunistische Ideologie ihr Versprechen, weltliche Paradiese zu schaffen, nicht einhalten konnte, hinterließ sie ein emotionales Vakuum, das man fast beliebig mit anderen Heilsversprechungen ausfüllen kann.

Schon bei der Analyse des Mißerfolgs des Wilhelminischen Reiches, das seine glänzenden Ergebnisse bei der Industrialisierung nicht in das politische System einzubauen wußte, hat man die hilfreiche Bezeichnung "Verspätete Nation" angewandt.

Auf dem Gebiet ehemaliger kommunistischer Staaten hat man ebenfalls eine Industrialisierung bemüht. Der befreite Arbeiter sollte doch seiner selbst walten. Komischerweise mußte man ihn zuerst "schaffen", denn die Industrierevolution fand in diesen Regionen beinahe nicht statt. Man baute also Fabriken, um Arbeiter zu haben, eher als Produkte. Man baute ideologisch, betrieb wörtlich eine *Strojka*, also eine *Konstruktion* des Neuen - indem man das bereits Alte (industriell und politisch gesehen) nachahmte. Der Versuch, die industrielle Verspätung zu überwinden, hat sich so zementiert, die sogenannten "Völker des Fortschritts" wurden so doppelt zu "Verspäteten Nationen". Nach der *Strojka* - nach dieser Konstruktion - sollte dann endlich eine *Perestrojka*, nämlich eine Rekonstruktion, das ganze Projekt retten. Sie endete in einer "Destrojka".

Diese zu verstehen heißt, die Skala der Verspätungen richtig zu erfassen, die dreifache geschichtliche Verwicklung dieser Länder minutiös zu beschreiben, um dann eine Urbachmachung anzufangen. Durch Deiche.

Diese richtig zu analysieren - darauf kommt es an. Freilich, ein solches Verfahren setzt auch den Respekt vor dem russischen Phänomen voraus, aber eben einen Respekt, der die Sicht plus Umsicht vereinigt.

Diese Sicht zeigt uns: das Zwischen-Europa bringt ein Zwischen-Rußland hervor. Etwas, was das Alte noch nicht aufgegeben - und das Neue noch nicht aufgenommen hat. Das Alte sind die Allüren der Verspätung, das Neue Manieren der Transparenz. Solange es ein Zwischen-Europa gibt, gibt es auch Zwischen-Rußland.

Historisch gesehen geht es darum, ob unser Central-East Europe wieder zu Central-West Europe wird, ob die "Enteignung" dieses Raumes, die mit dem Eintritt eben Rußlands auf die europäische Bühne begann und in die Teilung Polens und Deutschlands - ja, in der Spaltung des Kontinents mündete, überwunden werden kann oder nicht. Und dies bitte - das möchte ich zweimal unterstreichen - um auch Rußland europäisch kooperativ zu binden.

Ich höre den Einwand: Sie stellen eigentlich die russische Frage, ohne sie als solche zu benennen.

Na gut, ich gebe es zu - aber mit der Bemerkung, daß ich *keine* antirussische Frage stelle, wie manche immer behaupten, wenn man die russische meint.

Auch ich sehe Rußland positiv. Auch ich denke an Eingliederungen und Zusammenarbeit. Speziell als Tscheche habe ich keine Berührungsängste mit meinen russischen Verwandten - und vielleicht am wenigsten neidische Retrospektiven. Ich unterscheide mich in der Perspektive.

Schon in der stillen und lauten Opposition vor 1989 hat man bei uns das Sowjetsystem anders interpretiert und - mit Verlaub - präziser.

Diese Analyse führte uns, wie angedeutet, zu dem Schluß, daß es sich um einen spezifischen Fall des politischen Konstruktivismus handelt: um westliche Ideen - östlich praktiziert.

Bei der Bewunderung für jene zauberartige Verwandlung vieler Poeten in einige Politiker anno 1989 hat man im Westen oft vergessen, daß das "dissentive" Denken die Sterilität des Lenin-bis-Breschnjew-Reiches äußerst gründlich auseinandernahm.

In Tschechien gab es nicht nur eine Ökumene des Pathos mit Havel, es gab vor allem den Ethos der Ökonomen - mit Klaus.

In ihren Augen war der russische Sozialismus keinesfalls jener Staat, der zwar dumm, aber irgendwie gemeinnützig agiert - also eine gute Idee, nicht ganz richtig angewandt (und dies mit dem Unterton: hätten wir die Chance von Lenin gehabt..., hätten wir anders zugepackt). Nein, für uns war dieser Sozialismus eine äußerst schlechte Idee, *äußerst* effektiv verwirklicht. Eben mit der ganzen Wucht der Verspätung der Nationen, die sich ihrer angenommen hatten.

Die Kommandowirtschaft fungierte wie eine Umverteilung, die letzten Endes alles zerteilt hatte. Die Machtzentrale - um sich halten zu können - parasitierte hilfs politischer Prämien an der intellektuellen und materiellen Substanz der Gesellschaft, bis diese - nicht unähnlich einem vom Holzwurm verfutterten Möbelstück - zu Sägemehl wurde. Paternalismus, Regulierung, Allokation, Subventionen, Nationalisierung und Enteignung heißen die Mittel.

Unser Sozialismus war kein Moloch, der unbeirrt alles zu verdauen wußte, schmecke es wie es wolle. Nein, auch er war gezwungen, Klientelbelohnung zu praktizieren, wenn auch eine primitive - aber um so ungenierter. So nagte er selbst an der Mauer, die er zu seinem Schutz errichtet hatte.

Als diese fiel, war er schockiert und verschwand beinahe widerstandslos. Es boten sich diverse Garnituren an. Die, die nicht direkt unter dem Mauerschutt begraben wurden: Reformkommunisten, Nationalbewegte, Direktoren der Kombinate, klügere Köpfe aus der Kunst und Wissenschaft, etc. In Tschechien aber kamen Vertreter des dissentiven Geistes, denen es gelungen war, die vorher Genannten von den konzipatorischen Entscheidungen der ersten Stunden fernzuhalten.

Ich verhülle nicht, daß dies noch keine Garantie auf Dauer bedeutet, selbst wenn wir gerne verkünden, daß die Republik aus dem Schlimmsten heraus sei; ich kann aber sagen, daß unser Staat es bislang vermieden hat, der kommunistischen Retourkutsche eine Remise zu bieten. Wir haben unsere Hausaufgaben gemacht.

Die breitere geopolitische Dezision jedoch, die unsere Erfolge festigen würde, liegt außerhalb unseres Machtbereichs.

Man kann noch in die dunklen Ströme der "Destrojka" hineingeraten. Diese "Destrojka" hält all diejenigen im Bann, die noch immer meinen, daß neue Stabilität durch alte, wenn nicht Wirtschafts-, so wenigsten Machtkonzepte herbeizusteuern wäre.

Dieser Gedanke ist ein typisches Produkt jener kausal-linearen Vernunft, von der ich eingangs sprach. Diese Vernunft brachte Erfolge, die der industrielle Aufstieg Europas bestätigt zu haben schien. Man sprengte eben gerne Grenzen, um Räume zu schaffen. Räume brachten Ressourcen, und Ressourcen Masse, und Masse wieder Macht.

Politische Gebilde, die dierse Chancen hatten, haben sie auch ergriffen, führten Kriege, a la Clausewitz mit Völker- und Material-schlachten, bauten Imperien, gründeten Kolonien und Monopole. Aber nicht alle waren fähig, gleichzeitig auch feinere Mittel zu nutzen, die ihnen inner-strukturell angeboten wurden. Nicht alle - und das damalige Deutschland darunter - haben begriffen, daß komplexe Erfahrungen komplexere Ordnungen benötigen, daß das Künstliche langsam interessanter wird als das Natürliche, Diskussionen wichtiger als Diktate, nüchterne Sachlichkeit erfolgreicher als Leidenschaft für die Sache, ja, die verspottete numerische Nivellierung der Krämerseelen in England klüger als der fanatische Mensch.

Jawohl, das alles wirkte befremdend, unheimlich und heimatlos zugleich. Man fühlte sich bedroht und suchte sich davor zu schützen, indem man Gegengewichte konstruierte als Reiche der Reinheit und des ewig Menschlichen.

Beide konstruktivistischen Prospekte unseres Jahrhunderts, der nationale und der real existierende Sozialismus, haben eines gemeinsam: den Glauben an den besseren Menschen, herstellbar in der Fabrik der jeweiligen Menschlichkeit.

Die Niederlage des Nationalsozialismus schien zumindest das zweite Projekt zu bestätigen, insbesondere wenn man das atomare Patt bedenkt. Dieses schloß jedoch keinesfalls die Konkurrenz aus. Sie fand statt, zuerst nur auf der Reibungsfläche beider Blöcke, später auch innerhalb als innerer Leistungsvergleich.

Die Welt der zwar nicht erlösten, aber produktiven Leute entfaltete sich nämlich weiter, bot Ende der fünfziger Jahre die elektronische Revolution an, die nicht nur erneut das kreative Individuum hervorgehoben hatte, sondern auch eine ganz neue Perspektive, besser noch: Introspektive, aller Dinge.

Sie deutete auch auf die Existenz von etwas hin, was ich heute für unseren - polemischen - Zweck "subjektive Realität" nennen möchte.

Das sowjetische System glaubte an eine "Objektive". Es bezeichnete sie sogar so. Lenins, Stalins, Breschnjews (aber, wie uns Tschetschenien zeigte, sind manche im heutigen Kreml ähnlichen Glaubens) - versuchten ständig , einen Plan zu entwickeln, der eine Fortbewegung innerhalb der Realtät von Objekten sichern sollte. Sie merkten dabei nicht, daß ein solches Verfahren nur das zu planen versteht, was sie selber erfassen. Man wollte nicht wahrhaben, daß man anstatt den angeblich erkannten geschichtlichen Gesetzen zu folgen nur sich selbst folgte. Der Rausch der Planer entpuppte sich als reduktionistischer Wahn.

Paradox ausgedrückt: die Verrottung der Planwirtschaft und ihrer Staaten war "plangemäß".

Jetzt ist die Rechnung da. Unberechenbarkeit und Armut reichen sich die Hände. Man sehnt sich nach Stabilität - selbst die alte kommunistische erscheint manchen im rosa Licht. Das *Apeiron* ist mächtig - und listig zugleich.

Auch mir liegt die Stabilität am Herzen. Ich sehe lediglich, daß das "Vorgeplante" noch immer wirkt, daß noch immer Differenzen verwischt werden, Urbares durch Parasitierendes ersetzt wird, Macht nur als *Hardware* verstanden, und Wirtschaft als Gelegenheit, schweizer Konten zu eröffnen. Und ich sehe, daß manche Stabilisierungsrezepte westlicher Provinienz nicht helfen können, weil sie ähnlich linear gedacht sind, wie die "Destrojka" denkt.

Diese ist "klüger" als *Perestrojka*, die der Weltkomplexität dadurch trotzen wollte, daß sie sich bessere Konstrukte innerhalb des Konstruierten versprach. "Destrojka" will derselben Weltkomplexität trotzen, indem sie Destruktives bewußt anwendet.

Auch sie wird keinen Erfolg haben! Wenn keine Differenz zwischen der Produktivität in Orel und der in Grozny herrscht, ist sie bald auch militärisch nicht zu haben. Dort, wo die Armut des Grenzenlosen den Ausschlag gibt, kann Reichtum nur per "Abgrenzung" davon geschaffen werden. Mit Hilfe von Hindernissen, die die ständige geistige und materielle Enteignung verhindern. Mit anderen Worten: neue Staaten sind solange zu erwarten, solange man keine Transparenz vom Zentrum zu erwarten hat und solange man sich transparentere, greifbarere Zentren erkämpfen kann.

Ist das schlimm, gefährlich, riskant? Natürlich! Zugleich aber geschieht dies jenseits von Gut und Böse. Und es bleibt so weit unbeeinflußbar, soweit man konstruktivistische Eingriffe duldet, Pakte vorzieht, statt Transparenzen zu schaffen. Wie gesagt, es gibt Situationen, in denen Entscheidungen getroffen werden - selbst wenn man sie verschiebt.

Mittelosteuropa hat sich bislang aus dem direkten Feld der Gefährdung hinübergerettet, aber nur hinter einen dünnen Teich, der sich aus der höheren sozialpolitischen Schichtung zusammensetzt. Das ist nicht viel, aber immerhin etwas.

Weiterhin aber auf sich selbst gestellt, könnte es mehr negieren, statt zu agieren: aus Enttäuschung heraus, aus Mangel an Fachkraft, aus Ehrgeiz und Unkenntnis. Sicherheitspolitisch im Westen integriert, würde es sich komplexer verhalten. Als dauerhaftes Intermezzo hat es eine große Chance, die "Destrojka"-Tänze mitzutanzen.

In der Welt der "subjektiven Realität" sind Werte eben "Wellenwerte"; dasselbe gilt für Unwerte.

Diejenigen, die an die Steuerbarkeit der Instabilität glauben, indem sie
die "Destrojka"-Allüren rationalisieren, gehen meistens von den folgenden Konstruktionen aus:
Erstens -
Sie billigen einen Raum für "kontrollierte" Interessen. Dieser Raum
stellt, eigentlich mit Ausnahme der ehemaligen DDR, den alten Jalta-
Block dar. In der Hoffnung, daß hier so etwas wie eine Flutung stattfindet
- die vor den eigenen Dämmen haltmacht. Die Rhetorik spricht gerne über
die Notwendigkeit, keine neue Grenze zu errichten, verschweigt aber, daß
sie die alte meint.
Zweitens -
Es wird das Prozessuelle betont; die beunruhigten Zwischen-Euro-
päer werden mit der Behauptung getröstet, daß die Entwicklung ohnehin
auf die Eingliederung hinzielt: man soll sich also gelassener verhalten und
abwarten, bis der dunkle Fluß den gewünschten Fisch hergibt.
Und drittens:
Es wird aus demselben Gedankengut die Idee verbreitet, daß das
Untransparente im Osten zumindest transparente Machtinteressen hat
und durch ihre Wahrung transparenter wird.
Hinter all diesen *vernünftigen*, ja *praktischen* Überlegungen steht
die alte europäische Hybris: die Steuerungsutopie rediviva als Spiegelbild
der "Destrojka" gedanklicher Muster. Der erste Erfolg derselben, die erste
Warnung allerseits, daß man den kalten Krieg doch noch verlieren könnte.
Erst auf dem Gebiet einer Destruktion, bei total reduzierten Diffe-
renzen, sind die gestrigen Machthaber in neuen folkloristischen Mänteln
konkurrenzfähig, d.h. frei vom Alptraum der Komplexität.
Um dies zu verhindern, hat man einige Regeln zu beachten:
In unseren verflochtenen Welt ist Stabilität nicht Beharrlichkeit,
sondern wendig. Selbständigkeit darin ist abhängig. Man kann heute nur
abhängige Staaten gründen, wenn man sie erhalten will.
Abhängigkeit heißt Anpassung, aber Anpassung heißt Öffnung.
Man paßt sich nach oben an, nach unten fällt man auseinander -
ungeachtet der Wünsche.
Und noch tschetschenischer:
Wenn es heute wackelt, sind keine Befehle zu erteilen. In der sub-
jektiven Realität gestaltet der Durchführende mit - sein Intellekt *darf*
nicht dümmer sein als das Zentrum selbst.
Transparenz der Entscheidungsträger ist somit technologisch nötig,
nicht moralisch.
Das Zentrum aber demoralisiert, wenn es faul ist oder dunkel.
Die Anpassung nach unten?
Wollen wir dahin?
Wir in Tschechien ganz gewiß nicht. Was ist dagegen zu tun?
Nach der deutschen Frage ist auch die polnische zu lösen.

Es wimmelt hier heute nur so von diversen Fragen, aber sie hängen zusammen. Und sie werden nach zweieinhalb Jahrhunderten des Hin-und Herschiebens endlich beantwortet, ob es uns gefällt oder nicht.

Die deutsche, die polnische, die mittelosteuropäische, die tschechische darunter, die russische, - die gesamteuropäische. In dieser Reihenfolge.

Der Sinn meiner Rede ist darin zu suchen, die uns - den Zwischen-Europäern - gefälligen Antworten herbeizureden.

Kein Super-Logos mehr bestimmt unsere Taten, sondern das richtige, offene Fühlen der Chancen. Wenn es ihn gibt, so ist er einfach der Chancenspender, so ist er ein Gefühl - für das Vernünftige. Nicht in der Geschichte ist unsere Hoffnung, unsere Herkunft gibt keine Zukunft her. Herkunft meint Irren, Rückkehr von Katastrophen. Und die Geschichte? Auch sie ist keine gradlinige Einrichtung der siegenden Wahrheit.

Nicht daß das Streben der Väter wertlos wäre, es beinhaltet bloß kein Pragma. Das Gesamtwissen ändert sich heute schneller als Generationen. Das klingt zwar traurig, aber nur dieses ist unveränderbar.

Ahnen können uns sagen, wie man etwas *nicht* macht; wie man etwas macht, ahnen sie nicht mehr. Das ist nur unser Risiko.

Die Westbindung Polens verstehe ich als die heikelste, aber auch die zukunftsträchtigste Option und Operation auf unserem Kontinent. Sie wird die Kräfte der Transparenz ermutigen - sowohl unter den Ukrainern wie auch unter den Russen. Sie wird Tschechen und Slowaken europäisch verpflichten; Ungarn auf Europa verweisen.

Die Zeiten ändern sich, weil sich die Zeit selbst ändert. Sie tickt simultan und hat keinen Wecker.

Wecken wir uns also selbst!

Wählen wir jetzt!

*Regio Basiliensis* als Modell
# Das Europa der Regionen - die Perspektive des 21. Jahrhunderts

### Hans Briner

## 1 Überwinden der Grenze

Den Regionen gehört die Zukunft Europas. Im 21. Jahrhundert wird es nur noch das Europa der Regionen geben - nach dem föderalistischen Vorbild der Schweiz, wobei die Nationen nicht untergehen, wohl aber in ihrer Bedeutung reduziert werden. Die 'Regio Basiliensis', eine europäische Grenzregion am Oberrhein, wo die Schweiz, Deutschland und Frankreich aneinanderstoßen, im Westen von den Vogesen, im Süden vom Jura und im Osten vom Schwarzwald begrenzt, ist ein mögliches Modell für ein zukünftiges - vereintes - Europa der Regionen. Hier, in einem Raum, in dem 2,1 Mio Menschen (770 000 in Frankreich, 750 000 in Deutschland und 580 000 in der Schweiz) leben, werden schon heute Lösungen gesucht, die sowohl für die grenzüberschreitende Zusammenarbeit an den Ostgrenzen der Europäischen Union als auch für die demokratische Ausgestaltung Europas im nächsten Jahrhundert wegweisend sind.

Dabei ist die Regio mehr als nur planerische Vision - sie ist ein historischer Kulturraum, der über Jahrhunderte gewachsen ist. Häufig ist der Rhein dabei zur willkürlich trennenden Grenze gemacht worden. Für die Bewohner der Regio aber ist er das eigentliche verbindende Element: eine Achse, die durch die gemeinsame Landschaft der Rheinebene führt.

Grenzen haben in der Regio aus einer historischen Einheit drei nationale Randgebiete werden lassen: die Nordschweiz, Südbaden und das Oberelsaß.

Die Grenze ist einerseits einschränkend, anderseits zwingt sie einen dazu, sie zu überschreiten. Seit der Schaffung der Regio Basiliensis im Jahr 1963 stand das Überwinden der Grenze im Vordergrund. Ziel war und ist, das Grenz-Denken zu überwinden und mit den Süddeutschen, Elsässern und den Partnern in der Nordschweiz auf allen Ebenen, nicht nur auf der wirtschaftlichen und politischen, zusammenzuarbeiten.

# 2 Grenzüberschreitende Zusammenarbeit

Drei Varianten, die grenzüberschreitende Zusammenarbeit zu organi-
sieren, standen damals zur Debatte:

• Die Entwicklung des Raumes Basel wird als rein privatwirtschaftliche
Angelegenheit angesehen;

• Die Entwicklung des Raumes Basel wird als staatlich/politische Angelegenheit angesehen;

• Die Entwicklung des Raumes Basel wird als eine Gemeinschafts-
aufgabe Basels und der angrenzenden schweizerischen, elsässischen
und badischen Gemeinwesen sowie der Wirtschaftskreise angesehen.

Wir haben uns damals für die dritte Variante entschieden und daraus die
Folgerung gezogen, daß die laufenden langfristigen Probleme der Entwick-
lung unserer Stadt und des Raumes Basel einer vertieften Bearbeitung
bedürfen, für die zu dem Zeitpunkt niemand Zeit haben wollte. Da ohne
Vorhandensein einer privaten Initiative auch der Staat nicht an diese
großen Aufgaben herantreten konnte, wurde mit der "Arbeitsgruppe Regio
Basiliensis" eine neutrale Gruppierung mit folgenden Aktionspunkten ins
Leben gerufen:

• Kontakte
• Regionalplanung
• Soziale und kulturelle Fragen
• Wirtschaftsfragen
• Politische, zwischenstaatliche Fragen
• Beobachtung der europäischen Integrationsbewegung.

Am 25. Februar 1963 - notabene zwei Monate vor der Aufnahme der
Schweiz als 17. Mitglied in den Europarat - wurde dann die "Arbeitsgruppe REGIO BASILIENSIS" definitiv gegründet.
    Der Kostenaufwand der Regio (damals SFr 100 000, heute ca. 1,2
Mio per annum) wurde zu 60 % durch die Wirtschaft und zu 40 % durch
die Regierungen der Kantone Basel-Stadt und Basel-Landschaft getragen.
    Schon bald zeigte sich, daß die Region wirklich eine Planungs-
einheit darstellen kann, und daß selbst politische Grenzen durch prak-
tische Zusammenarbeit überwunden werden können, wenn die inter-
disziplinäre Regionalforschung als Instrument neutraler Instanzen
eingesetzt wird. Ohne Entscheidungsbefugnisse zu besitzen, können auf
diese Weise die Grundlagen und Daten für ein zweckmäßiges und
psychologisch richtiges Vorgehen zuhanden all jener geschaffen werden,

die in der Region politisch und wirtschaftlich Entscheidungen zu treffen haben.

## 3 Verkehr und Energie

Bereits bei der Gründung der Regio Basiliensis stand der Gedanke Pate, daß das Europa der Regionen das Europa der Wirtschafts- und Kulturregionen sein wird. Europa kann nicht einfach von oben her, von Behörden oder Regierungen, verfügt werden, sondern muß von der Basis her, von der Bevölkerung in den Regionen aufgebaut werden. Dies zu erkennen und auch umzusetzen ist sicher eine Frage der Zeit. Die nächste Generation wird dieses neue Europa der Regionen im Alltag zu verwirklichen haben. Dabei sind auch die Wechselwirkungen zwischen Wirtschaft und Kultur, welche dem Zusammenhalt der Regionen dienen, zu sehen: Ohne Wirtschaft gibt es keine Kultur - und umgekehrt.

Bei der Gründung der Regio Basiliensis erklärten wir dem damaligen Establishment, daß die Entwicklung in den kommenden Jahrzehnten anders verlaufen würde als angenommen. Wir entwickelten beispielsweise Konzepte für den regionalen Eisenbahnverkehr, welche auch heute noch aktuell sind. Auch im Bereich der Energiepolitik verlangten wir eine damals nicht existierende regionale und überregionale Planung mit entsprechenden Entwicklungsvorstellungen. In Zeiten der Hochkonjunktur wollten sich die Behörden aber möglichst nicht einschränken und festlegen lassen. Erst der Ölpreisschock im Jahre 1973 und die Auseinandersetzungen um die Kernkraftwerke Kaiseraugst und Wyhl brachten auch auf behödlicher ebene ein Umdenken bezüglich der Zusammenarbeit auch über Ländergrenzen hinweg. Wir hatten bereits im Jahr 1970 die Unterlagen für ein Energiekonzept in den Grenzräumen unterbreitet. Es bestanden klare Vorstellungen darüber, in welcher Form die Umweltproblematik, deren Auswirkungen sich immer in einer ganzen Region bemerkbar machen, berücksichtigt werden sollte. Wir waren im Jahre 1970 auch die ersten, die mittels fundierter Unterlagen die Standortproblematik ür Atomkraftwerke aufzeigten. Die 68er-Generation hat diese Fakten aufgegriffen und demonstrativ zur Diskussion gestellt.

## 4 Neue Formen des Grenzüberwindenden

Die Regio Basiliensis hat die Chance genutzt, um gerade am Beispiel des Oberrhein-Grabens, einem der klarsten topographischen Räume Europas, der von nationalen und subnationalen Grenzen durchschnitten wird, zu zeigen, daß eine neue Strategie des "Grenzüberwindenden" im Westen wie im Osten Europas eine absolute Notwendigkeit darstellt.

Die verbesserten menschlichen Beziehungen und die verbindende Umweltproblematik zeigen, daß dieser Raum Exerzierbeispiel für die Erarbeitung neuer Politikstrategien zur Überwindung des verkrampften "Grenzdenkens" dienen kann. Hier an den Grenzen werden wohl am besten die neuen Formen der interregionalen Kooperation an ganz praktischen Beispielen gefunden werden können.

Allerdings sind nicht nur die Grenzregionen, sondern ganz allgemein die europäischen Regionen, im Westen wie im Osten, zu einer engeren Zusammenarbeit aufgerufen, nicht nur im Hinblick auf die materielle, sondern auch auf die geistige und menschliche Weiterentwicklung Europas.

Mit dem Gipfeltreffen am 15. Dezember 1989 zwischen dem französischen Staatspräsidenten François Mitterand, des deutschen Bundeskanzlers Helmut Kohl und des schweizerischen Bundespräsidenten Jean-Pascal Delamuraz in Basel wurde ein nicht unbedeutender Akzent auf dem Weg zum Europa der Regionen gesetzt. In ihrer gemeinsamen "Déclaration tripartite rhénane" erklärten die drei Staatschefs ausdrücklich, daß sie in den "Regio-Nachbarschafts-Operationen" nicht eine Gefahr, sondern eine Chance - auch für die zukünftige Erhaltung ihrer Nationalstaatlichkeit - sehen. Damit wurde diese europäische Ebene der Regionen mit ihren neuen Formen der transregionalen und interregionalen Kooperation in Basel anläßlich des 25-Jahr-Jubiläums der Regio Basiliensis exemplarisch gewürdigt.

## 5 Euro-Mikrointegration mit Bürgernähe

Vielleicht hat dieser Regio-Gipfel vom 15. Dezember 1989 sogar dazu beigetragen, den richtigen Weg zu einer zweiten Ebene Europas aufzuzeigen, die dereinst sogar zur Schaffung eines europäischen Senates auf der Basis der Regionen führen könnte.

In Basel haben damals zum ersten Mal maßgebende nationale Staatschefs ihre volle Zustimmung zu neuen regionalen Kooperationsformen gegeben und damit vielleicht den Weg zu einem föderalen Europa der Regionen aufgezeigt. Mindestens darf angenommen werden, daß die europäischen Interregional- und Transregional-Kontakte damit endgültig "hoffähig" oder eben "europafähig" wurden.

Auch und trotz der traurigen Erfahrung mit Ex-Jugoslawien wird dieses Phänomen sich durchsetzen, daß die nationalen Grenzen nicht mehr durch Armeen, Ideologien oder Diktatoren verteidigt, vernichtet oder überwunden werden können, sondern daß eben diese regionale Kultur der echten Nachbarschaftspflege neue Formen für das Grenz-überwindende finden muß. Gerade an den nationalen Grenzen ist diese Regio-Leitidee der "Akzeptanz der Andern" wohl für das 21. Jahrhundert eine der wichtigsten.

Wir können auf fast allen europäischen Ebenen - sei es in Brüssel, Straßburg, Luxemburg, Paris, Bonn, Bern oder Stuttgart - mit unserem Testfall der Regio auftreten, um nicht zuletzt begreiflich zu machen, daß Demokratie und ein föderalistisch gestaltetes "Europa der Regionen" neben der Erhaltung der Nationalstaaten der richtige Weg ist, um Europa auch von unten aufbauen zu helfen und nicht nur von oben lenken zu lassen!

Gerade bei der direkten grenzüberschreitenden Zusammenarbeit unter echten Nachbarn zeigt sich heute doch deutlich, daß der Prozeß der europäischen Integration und der internationalen Kooperation nun eben auf die Regionalisierung des Prozesses angewiesen ist, nicht zuletzt, um die zur Anonymisierung führenden Globalisierungstendenzen eben dort aufzufangen, wo der eigentliche Bürgersinn noch lebendig ist - in den traditionellen Grenzräumen, zum Beispiel im deutsch-französisch-schweizerischen Schicksalsraum am Oberrhein!

Vor dem Hintergrund der Regierungskonferenz (Maastricht II) und der Stärkung des Subsidiaritätsprinzips leisten wir jetzt im Blick auf das 21. Jahrhundert - und die große Aufgabe der Integration der mittel- und osteuropäischen Staaten und Regionen - unter dem Titel "Euro-Mikrointegration mit Bürgernähe" beim Aufbau Europas von unten eine kleine, aber vielleicht nicht unbedeutende Starthilfe.

Fig.2        Die Regio

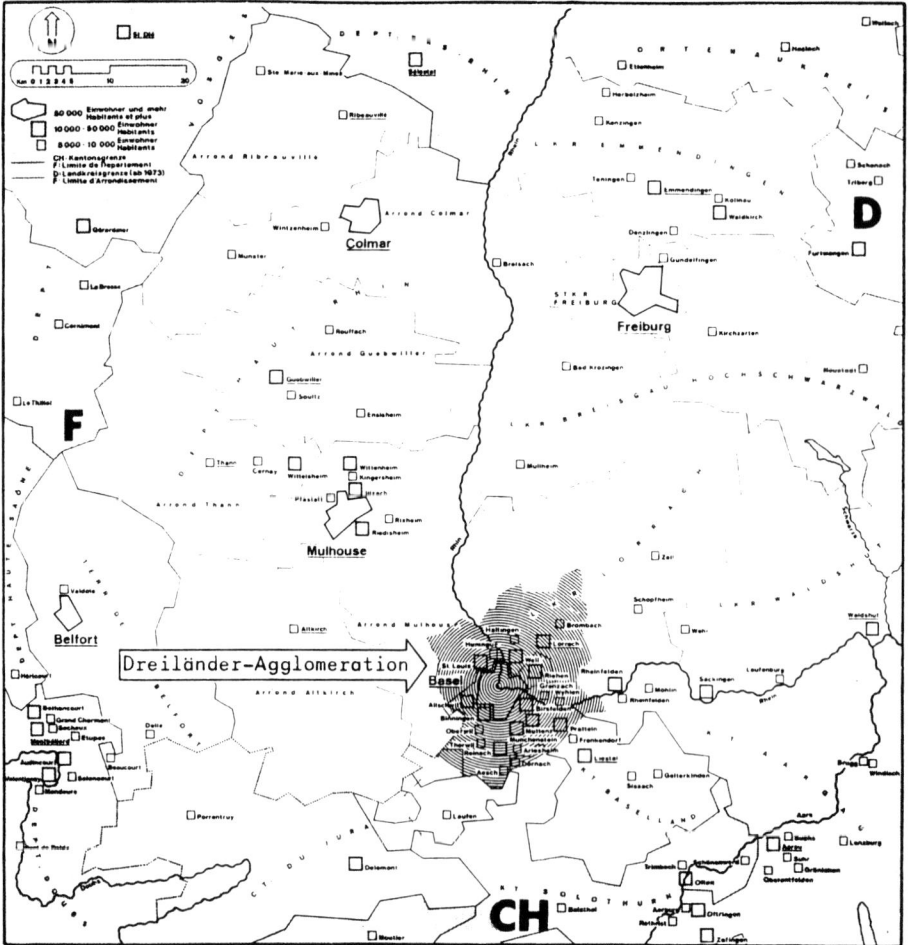

Fig.3    Euregio Oberhein // Euregio Upper Rhine

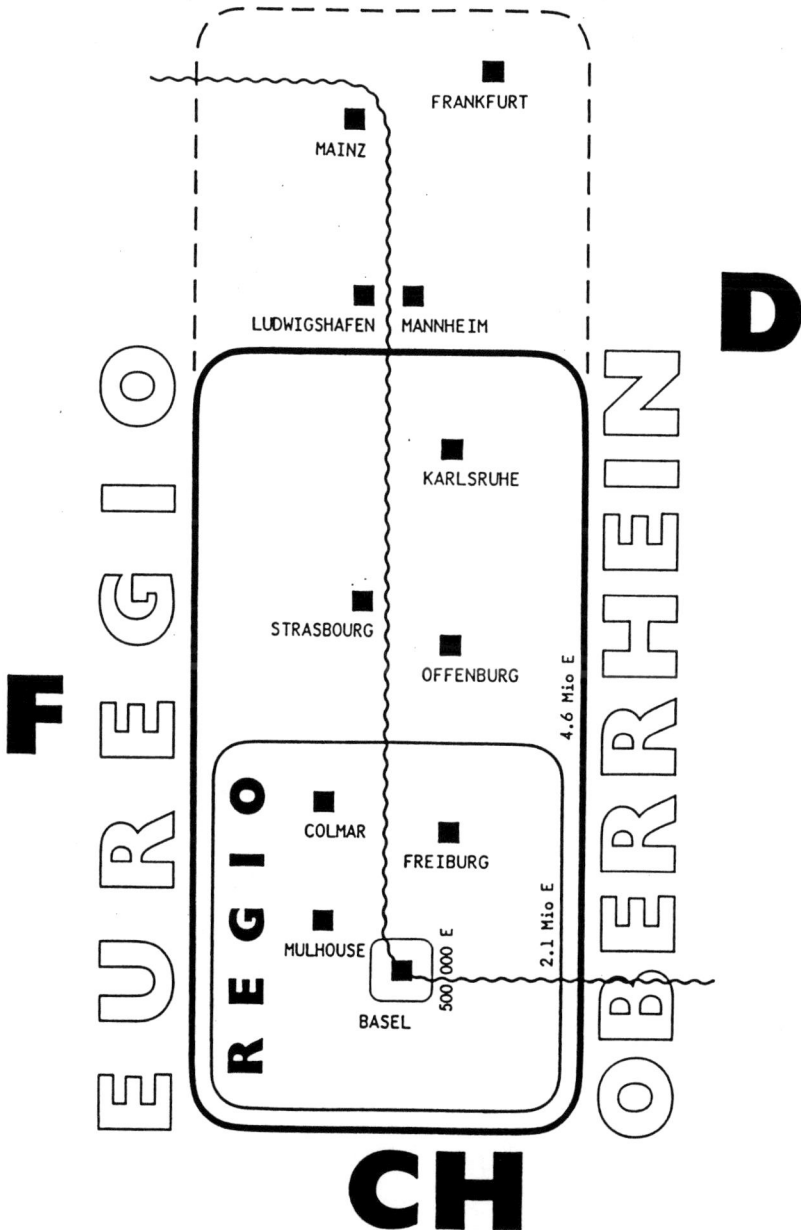

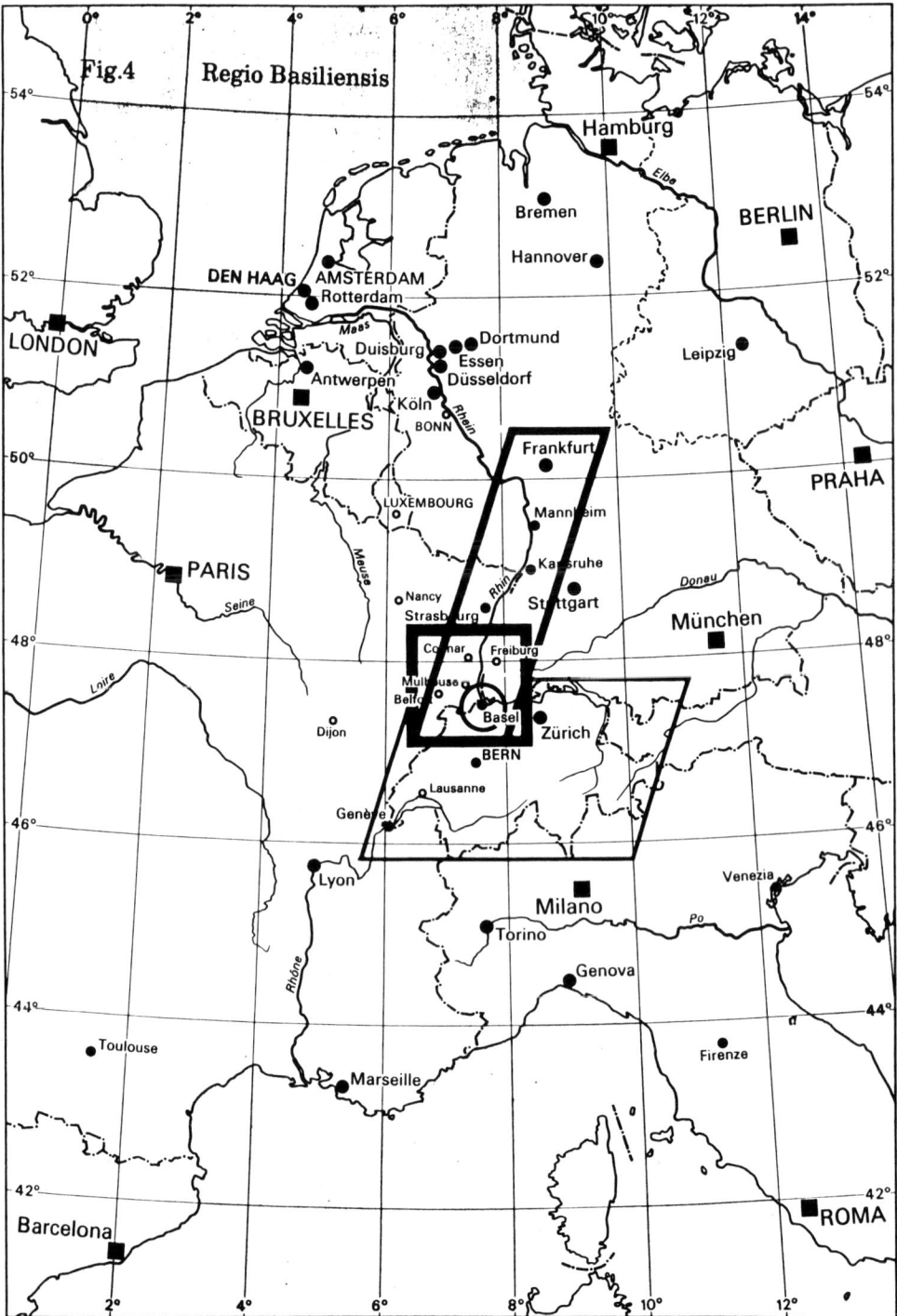

Fig.4 Regio Basiliensis

# Die Euregio Egrensis: Grenzüberschreitende Zusammenarbeit im deutsch-tschechischen Grenzraum

Horst Heberlein

## I  Der grenznachbarschaftliche Verbund der Euregio Egrensis

In den Grenzräumen Deutschlands zu den Nachbarstaaten in der Europäischen Union und der Schweiz hat die grenzüberschreitende Zusammenarbeit kommunaler Gebietskörperschaften eine lange Tradition. Der Fall des "Eisernen Vorhangs" in Mitteleuropa hat den Weg für die Zusammenarbeit mit kommunalen Gebietskörperschaften auch in den östlichen Nachbarstaaten der Bundesrepublik frei gemacht. Nach dem Vorbild der Zusammenarbeit in den Regionen an den Grenzen zu Frankreich, den Benelux-Staaten und der Schweiz sind in den Grenzräumen zu Polen und der Tschechischen Republik ebenfalls institutionalisierte Formen der grenzüberschreitenden Zusammenarbeit entstanden, wie sie vor allem durch die "Euregio" im deutsch-niederländischen Grenzraum[1] und die "Regio Basiliensis" im deutsch-französisch-schweizer Dreiländereck[2] ausgeprägt sind. Ein solcher grenznachbarschaftlicher Verbund ist die Euregio Egrensis im deutsch-tschechischen Grenzraum.[3]

Der Euregio Egrensis gehören kommunale Gebietskörperschaften aus Bayern, Sachsen, Thüringen und der Tschechischen Repoublik in einem etwa 17 000 Quadratkilometer großen Gebiet mit fast zwei Millionen Einwohnern an. Die an der Zusammenarbeit beteiligten bayerischen, sächsischen und tschechischen Gebietskörperschaften gründeten jeweils eine Arbeitsgemeinschaft in der Rechtsform eines privatrechtlichen Vereins. Anfang 1993 traten der sächsischen Arbeitsgemein-

---

1   Dazu Heinrich Hoffschulte, 'Grenzüberschreitende Zusammenarbeit: Ein guter Anfang', in *Der Landkreis*, 1992, S.479ff; Georg Christoph von Unruh, 'Euregio, Programm und Realität einer grenzüberschreitenden Kooperation', in *Festschrift für Eberhard Menzel*, 1975, S.607ff; Viktor von Malchus, *Partnerschaft an europäischen Grenzen*, 1975, S.172ff.

2   Dazu Hans J. Briner, 'Regio Basiliensis: Bindeglied dreier Länder?', in *Das Parlament*, Nr.3-4 (21./28. Januar 1984), S.7.

3   Vgl zur Euregio Egrensis: Knut Kettwig, *Rechtsgrundlagen dezentraler Zusammenarbeit im deutsch-polnischen und deutsch-tschechischen Grenzraum*, 1994, S.154ff.; Beatrix Körner, 'Regionale Aufgaben grenzüberschreitend lösen', in *Bayerische Staatszeitung*, Nr.18 (6. Mai 1994, S.8.

schaft Vogtland/Westerzgebirge noch vier Landkreise aus Thü-ringen bei. Die tschechische Arbeitsgemeinschaft Böhmen besteht seit Juni 1991, die Arbeitsgemeinschaft Bayern seit Januar 1992, und die Arbeitsgemein-schaft Vogtland/Westerzgebirge seit März 1992. Am 3. Februar 1993 schlossen sich diese drei nationalen Arbeitsgemeinschaften zu der gemein-samen grenzüberschreitenden "Euregio Egrensis" zusammen.

Die Euregio ist damit ein grenzüberschreitender Zusammenschluß kommunaler Gebietskörperschaften. Zweck der Euregio ist nach der Ver-einbarung vom 3. Februar 1993 die Koordinierung und Förderung umfassender und partnerschaftliocher Zusammenarbeit über die Grenzen zwischen dem Freistaat Bayern, dem Freistaat Sachsen und der Tschechischen Republik hinweg. Das Gemeinsame Präsidium, das die Geschäfte der Euregio führt, besteht aus jeweils drei von deren Mitgliederversammlungen gewählten Präsidien der drei nationalen Arbeitsgemeinschaften. Daneben bestehen als gemeinsame Gremien vier beratende Ausschüsse, deren Mitglieder ebenfalls von den Mitglieder-versammlungen der Arbeitsgemeinschaften entsandt werden. Die von den Organen der Euregio gefaßten Beschlüsse haben in rechtlicher Hinsicht lediglich empfehlenden Charakter. Die drei Arbeitsgemeinschaften haben sich jedoch verpflichtet, vor der Fassung von Beschlüssen in ihrem Arbeitsbereich, die sich auch auf die Partner jenseits der Grenze aus-wirken, diese zu informieren und ihre Wünsche und Anregungen "soweit wie möglich" zu berücksichtigen.

Ziel der Euregio ist es, durch die Anpassung der Lebensverhältnisse in den Binnenräumen die Randlage der Grenzregionen zu überwinden. Die aus dieser Randlage entstandenen Defizite sind augenfällig. Das Verkehrsnetz in dieser Region ist mangelhaft, die Umweltbelastung vergleichsweise hoch, die Wirtschaft von Monostrukturen geprägt. Diese Situation resultiert wesentlich aus dem Umstand, daß die Grenze zwischen den beiden vormaligen Machtblöcken die vorher jahrhunderte-lang über die Grenzen hinweg gewachsenen Verbindungen in diesem Raum abgeschnitten und zudem die Randlage in den Staaten wie den Blöcken die Grenzräume von der Entwicklung der Binnenräume abgekop-pelt hat. Zudem hat der Strukturwandel nach der Grenzöffnung die ohnehin schon hohe Arbeitslosigkeit verstärkt.

Die Zielvorstellungen der Euregio umfassen nicht nur die grenz-nachbarschaftliche Abstimmung kommunaler Projekte, sondern allgemein die Verbesserung der Infrastruktur des Grenzraumes. Dazu gehört ins-besondere die Bildung eines grenzüberschreitenden Arbeitsmarktes und die Förderung der Zusammenarbeit im wirtschaftlichen und sozio-kulturellen Bereich sowie im Fremdenverkehr und Bäderwesen. Die Arbeitsbereiche der vier beratenden Ausschüsse stehen für die Schwer-punkte der grenzüberschreitenden Aktivitäten der Euregio Egrensis, nämlich für die Bereiche

- Wirtschaft und Verkehr,
- Kultur,
- Fremdenverkehr und Tourismus, sowie
- Umweltschutz und Ökologie.

Konkrete Projekte sind zum Beispiel die Organisation von Sprachkursen, die Schaffung einer gemeinsamen "Museumsregion", in der sich die einzelnen kulturellen Einrichtungen ergänzen, ferner die Durchführung von Modellvorhaben zur Erhaltung der historischen Dorflandschaft, die Einrichtung einer Umweltberatungsstelle, die grenzüberschreitende Sanierung des Flußsystems der Eger. Im Bereich der Wirtschaft wird die grenznachbarschaftliche Zusammenarbeit im Instrumentenbau sowie in der Glas- und Porzellanindustrie angestrebt.

## II.   Die kompetenzrechtliche Befugnis für die grenzüberschreitende Zusammenarbeit

In rechtlicher Hinsicht stellt sich für die grenzüberschreitende Zusammenarbeit - in der Euregio Egrensis ebenso wie anderswo - vor allem die Frage nach der kompetenzrechtlichen Befugnis der kommunalen Gebietskörperschaften. Zwar ist die Zusammenarbeit mit anderen Staaten regelmäßig eine Domäne der staatlichen Politik, doch greift die grenzüberschreitende Zusammenarbeit kommunaler Gebietskörperschaften und ihrer Einrichtungen selbst nicht in die den Staaten vorbehaltene auswärtige Gewalt ein. Diese bezieht sich auf die Pflege der Beziehungen zu auswärtigen Staaten, zu denen jedoch nicht ausländische kommunale Gebietskörperschaften gehören.[4] Zudem erfordert das Verfassungsprinzip praktischer Konkordanz die Rücksichtnahme der "kommunalen Außenpolitik" auf die auswärtige Politik der Regierungen. Die Gemeinden sind zwar nicht gehindert, "sich aus ihrer ortsbezogenen Sicht" mit bestimmten Fragen zu befassen, die nach der Kompetenzordnung dem Staat zugewiesen sind;[5] jedoch sind sie verpflichtet, auch im Rahmen ihrer Zuständigkeiten und rechtlichen Gestaltungsmöglichkeiten auf die auswärtigen Beziehungen in der Weise Rücksicht zu nehmen, daß sie diese nicht stören oder erschweren.[6]

---

[4]   Art.32, Abs.1 des Grundgesetzes für die Bundesrepublik Deutschland (GG).

[5]   Bundesverwaltungsgericht, Urteil vom 14. Dezember 1990, BVerwGE 87, 228 (230).

[6]   Dazu im einzelnen: Horst Heberlein, *Kommunale Außenpolitik als Rechtsproblem*, 1989, S.55ff,132ff.

Andererseits gewährleistet die kommunale Selbstverwaltungsgarantie des
Art. 28 Abs. 2 Satz 1 GG den Gemeinden in Deutschland, "alle
Angelegenheiten der örtlichen Gemeinschaft im Rahmen der Gesetze in
eigener Verantwortung zu regeln." Zu den Angelegenheiten der örtlichen
Gemeinschaft gehören alle "Bedürfnisse und Interessen, die in der
örtlichen Gemeinschaft wurzeln und auf sie einen spezifischen Bezug
haben."[7] Das schließt die Aufgabenfelder der örtlichen Daseinsvorsorge
ein, die für die Zusammenarbeit mit benachbarten Gebietskörperschaften
in Betracht kommen. Entsprechendes gilt für die Landkreise in deren
gesetzlichen Aufgabenbereich (Art. 28 Abs. 2 Satz 2 GG). Den deutschen
kommunalen Gebietskörperschaften gibt bereits das Verfassungsrecht die
grundsätzliche Befugnis, die Angelegenheiten der eigenen örtlichen
Gemeinschaft gemeinsam mit anderen Gebietskörperschaften zu erfüllen.[8] Die gemeinsame Aufgabenwahrnehmung in den Bereichen Kultur,
Bildung, Jugendaustausch, fremdenverkehr, Umweltschutz, Verkehrspla-
nung, öffentlicher Nahverkehr oder der wirtschaftlichen Entwicklung
dient gerade der kommunalen Aufgabenerfüllung auch für die eigenen
Bürger und damit der eigenen "örtlichen Gemeinschaft" jeder der an der
Zusammenarbeit beteiligten Gebietskörperschaften.

Aus diesem Bezug auf die "örtliche Gemeinschaft" ergibt sich auch
keine geographische Beschränkung der Reichweite des kommunalen Handelns im Sinne einer räumlichen Fixierung auf das Gemeindegebiet. An
der Bezogenheit auf die "örtliche Gemeinschaft" ändert sich nämlich
nichts, wenn die Aufgaben dieser Gemeinschaft gemeinsam mit anderen
kommunalen Trägern im Rahmen der inter-kommunalen Zusammenarbeit erfüllt werden. Die das geographische Gebiet der Gemeinde oder
des Gemeinde-verbands überschreitende kommunale Aufgabenwahrnehmung bewirkt aber auch dann keine "Entkommunalisierung" einer "an
sich" kommunalen Aufgabe, wenn dabei die Staatsgrenze überschritten
wird. Aufgaben der lokalen Daseinsvorsorge verlieren ihren spezifischen
Bezug auf die jeweils betroffene "örtliche Gemeinschaft" nicht dadurch,
daß die Gemeinde oder der Landkreis sie nicht allein, sondern gemeinsam
mit einer anderen kommunalken Körperschaft wahrnimmt, und zwar
einerlei, ob diese demselben Landkreis, Bundesland oder einem Nach-
barstaat der Bundesrepublik angehört.

Die Zusammenarbeit in öffentlich-rechtlichen Arbeitsgemeinschaften oder privatrechtlichen Formen zur grenzüberschreitenden
Information und Koordination, wie sie gegenwärtig die Euregio Egrensis
kennzeichnet, läßt die Zuständigkeit und die Aufgaben der beteiligten
Kommu-nen und damit auch die Befugnisse der Aufsichtsbehörden
unberührt. Es bedarf deshalb für eine solche Gestaltung der

7    Bundesverfassungsgericht, Beschluß vom 23. November 1988,
     BVerfGE 79, 127 (151).
8    Vgl. Bundesverfassungsgericht, Beschluß vom 24 Juni 1969, BVerfGE
     26, 228 (239f.).

Zusammenarbeit keiner staatlichen Einschaltung in Form eines zwischenstaatlichen Vertrages. Anders ist dies bei einer grenzüberschreitenden Zusammenarbeit auf der Basis einer öffentlich-rechtlichen Vereinbarung oder gar eines grenzüberschreitenden Zweckverbandes mit eigener Rechtpersönlichkeit, mit der regelmäßig eine Verlagerung öffentlich-rechtlicher Befugnisse über die Grenze hinweg verbunden ist. Für den Fall, daß auch im Rahmen der Euregio Egrensis solche Kooperationsformen angestrebt werden, setzt eine solche Veränderung der hoheitlichen Verhältnisse eine darauf bezogene Vereinbarung zwischen den Staaten voraus.[9] Solche zwischenstaatlichen Rahmenverträge bestehen bisher für die grenzüberschreitende Zusammenarbeit im deutsch-niederländischen[10] und im deutsch-französisch-schweizerischen Grenzraum.[11] Diese Verträge sind - je nach Sichtweise - "Dach" oder "Fundament" für die Zusammenarbeit der Gemeinden und Landkreise mit ihren ausländischen Partnern, ohne daß dadurch jedoch die Zusammenarbeit ihren kommunalen Charakter verliert.

Die Zusammenarbeit der kommunalen Gebietskörperschaften an der deutsch-tschechischen Grenze ist aber auch durch einen solchen zwischenstaatlichen Rahmenvertrag für die grenzüberschreitende Zusam-

9    Ebenso Knut Kettwig, *Rechtsprobleme dezentraler Zusammenarbeit im deutsch-polnischen und deutsch-tschechischen Grenzraum,* 1994, S.163f.,185f.; Ulrich Beyerlin, 'Grenzüberschreitende Zusammenarbeit benachbarter Gemeinden und auswärtige Gewalt', in Armin Dittmann und Michael Kilian (Hrsg.), *Kompetenzprobleme der auswärtigen Gewalt,* 1982, S.109, 131; Matthias Oehm, *Rechtsprobleme Staatsgrenzen überschreitender inter-kommunaler Zusammenarbeit,* 1982, S.99. Zu der Befugnis der Länder, mit Zustimmung der Bundesregierung Staatsverträge mit auswärtigen Staaten zu schließen und Hoheitsrechte auf grenznachbarschaftliche Einrichtungen zu übertragen vgl. Art.32 Abs.3 und Art.24 Abs.1a des Grundgesetzes für die Bundesrepublik Deutschland.
10   *Abkommen zwischen der Bundesrepublik Deutschland, dem Land Niedersachsen, dem Land Nordrhein-Westfalen und dem Königreich der Niederlande über die grenzüberschreitende Zusammenarbeit zwischen Gebietskörperschaften und anderen Stellen vom 23. Mai 1991,* Bekanntmachung vom 20. April 1993 (BGBl.II, S.842).
11   *Übereinkommen zwischen der Regierung der Bundesrepublik Deutschland, der Regierung der Französischen Republik, der Regierung des Großherzogtums Luxemburg und dem Schweizerischen Bundesrat, handelnd im Namen der Kantone Solothurn, Basel-Stadt, Basel-Landschaft, Aargau und Jura über die grenzüberschreitende Zusammenarbeit zwischen Gebietskörperschaften und örtlichen öffentlichen Stellen vom 23. Januar 1996.* Vgl auch den Staatsvertrag zwischen Luxemburg und Rheinland-Pfalz über die gemeinsame Erfüllung wasserwirtschaftlicher Aufgaben durch Gemeinden und andere Körperschaften vom 17. Oktober 1974, GVBl. (Rheinland-Pfalz) 1975, S.55, und den Staatsvertrag zwischen Baden-Württemberg und dem schweizer Kanton Schaffhausen über die Beseitigung von Abwässern aus dem Bibertal und dem Hegau vom 17. August 1976, GBl. (Baden-Württemberg) 1977, S.94.

menarbeit eingebettet in die Zusammenarbeit der Staaten. Grundlage
dafür ist vor allem der deutsch-tschechoslowakische Nachbarschafts-
vertrag vom 27. Februar 1992.[12] Bayern und Sachsen koordinieren auf
Länderebene die Zusammenarbeit mit der Tschechischen Republik und
unterstützen dabei in vielerlei Hinsicht die Aktivitäten der Euregio. Sie
sind sich dabei einig, "daß mit der Euregio Egrensis nicht Grenzen und
Zuständigkeiten verwischt werden, sondern die Interessen dieses gemeinsamen Raumes im Geiste der Verständigung und Toleranz zur Geltung
gebracht werden sollen."[13]

Die Zusammenarbeit im Rahmen der Euregio Egrensis entspricht
zudem der ausdrücklich auf die grenznachbarschaftliche Zusammenarbeit
bezogenen Staatszielbestimmung der Verfassung des Freistaates Sachsen.[14] Danach strebt der Freistaat grenzüberschreitende regionale Zusammenarbeit an, die auf den Ausbau nachbarschaftlicher Beziehungen,
auf das Zusammenwachsen Europas und auf eine friedliche Entwicklung
in der Welt gerichtet ist. Die grenznachbarschaftliche Zusammenarbeit,
die ihre kompetenzrechtliche Zulässigkeit bereits aus der kommunalen
Selbstverwaltungsgarantie bezieht, steht so auch in offensichtlicher Konkordanz mit dieser Staatszielbestimmung und erfüllt diese für den
betreffenden Grenzraum mit Leben.

Schwerpunkt der Rechtsproblematik der grenznachbarschaftlichen
Zusammenarbeit ist also aus der Perspektive der deutschen Rechts-
ordnung nicht die kompetenzrechtliche Befugnis, überhaupt mit ausländischen Partnern in Kontakt zu treten und mit diesen zusammenzuarbeiten, sondern das rechtliche Regime, unter dem sich die auf diese
Zusammenarbeit gerichteten kommunalen Aktivitäten konkretisieren.
Dies betrifft vor allem die Rechtsformen der grenzüberschreitenden
Kooperation, die Über-tragung von Hoheitsrechten auf grenznachbarschaftliche Einrichtungen und die für die Zusammenarbeit maßgebliche
Rechtsordnung. Die damit sowie mit der Gewährleistung grenzüber-
schreitendern Rechtsschutzes verbundenen Einzelfragen haben seit gerau-
mer Zeit auch das Interesse der Rechtswissenschaft gefunden.[15]

---

[12]    Vertrag über gute Nachbarschaft und freundschaftliche Zusammen-
        arbeit vom 27. Februar 1992, BGBl.II, S.464.
[13]    Bulletin Nr 19 der Bayerischen Staatsregierung vom 21. September
        1993, S.2 (3).
[14]    Art.12 der Verfassung des Freistaates Sachsen vom 27. März 1992
        (GVBl, S.243).
[15]    Dazu Birgit Schlögel, *Grenzüberschreitende interkommunale Zusam-*
        *menarbeit*, 1982; Ulrich Beyerlin, *Rechtsprobleme der lokalen*
        *grenzüberschreitenden Zusammenarbeit*, 1988; und Horst Heberlein,
        *Grenznachbarschaftliche Zusammenarbeit auf kommunaler Basis*,
        DÖV 1996, S.100ff., mit weiteren Nachweisen.

III.  Die grenzregionale Zusammenarbeit im europäischen
      Kontext

Die Förderung der grenzüberschreitenden Zusammenarbeit ist einer der
Schwerpunkte der Strukturpolitik der Europäischen Gemeinschaft, die
insbesondere darauf gerichtet ist, innerhalb der Europäiscxhen Union "die
Unterschiede im Entwicklungsstand der verschiedenen Regionen und den
Rückstand der am stärksten benachteiligten Gebiete, einschließlich der
ländlichen Gebiete, zu verringern."[16] Dabei dient das PHARE-Programm
dazu, die politische und wirtschaftliche Annäherung der Staaten Mittel-
und Osteuropas and die Europäische Union zu unterstützen. Vor allem
aber betrifft das Programm INTERREG II die grenzüberschreitende
Zusammenarbeit an den Binnen- und Außengrenzen der Europäischen
Union. Es verfolgt das Ziel, diese Grenzregionen bei der Bewältigung ihrer
durch die Randlage verursachten Entwicklungsprobleme zu unterstützen.
Dazu sollen die gemeinsame Planung und Durchfürung von grenzüber-
greifenden Programmen gefördert werden, die Verbesserung des grenz-
übergreifenden und grenznahen inter-regionalen Informationsflusses
zwischen öffentlichen Stellen, privaten Organisationen und freien Wohl-
fahrtsverbänden sowie die Schaffung gemeinsamer institutioneller und
administra-tiver Strukturen zur Stützung und Förderung der Zusammenarbeit. Zu den Vorhaben, die in diesem Rahmen gefördert werden können,
gehören insbesondere die örtliche Wasser-, Gas- und Stromversorgung,
Abwasserbehandlung, die Abfallentsorgung, die Verbesserung der Ver-
kehrssysteme in Gebieten mit großem Infrastrukturrückstand sowie die
grenzübergreifende Raumplanung und Entwicklung des Städtesystems in
Grenzregionen. Die eigenen Aktivitäten der Euregio Egrensis werden
dabei durch die gemeinsamen Bemühungen der Bayerischen und der
Sächsischen Staatsregierungen um die Förderung konkreter Infrastruk-
turmaßnahmen im Raum der Euregio durch diese Programme unterstützt.
Auch die Bestrebungen, im Rahmen der gegenwärtigen Regierungskonferenz der Europäischen Union eine europarechtliche Absicherung der
Förderung der grenzüberschreitenden Zusammenarbeit der Regionen und
lokalen Gebietskörperschaften zu erreichen, machen deutlich, daß der unmittelbaren grenznachbarschaftlichen Zusammenarbeit der regionalen
und kommunalen Gebietskörpoerschaften in den Grenzräumen nicht nur
für die Lösung der unmittelbaren Grenzraumprobleme und für das gut-
nachbarliche Verhältnis zwischen den Staaten, sondern für den europäischen Integrationsprozeß als solchem ein hoher Stellenwert zukommt.[17]

---

16    Art.130a Abs.2 *Vertrag zur Gründung der Europäischen Gemein-
      schaft vom 25. März 1957* (BGBl.II, S.766) in der Fassung des *Vertrags
      über die Europäische Union vom 7. Februar 1992* (BGBl.II, S.1253).

17    Vgl zum Beispiel die Stellungnahme des beratenden Ausschusses der
      regionalen und lokalen Gebietskörperschaften (Ausschuß der

Die grenznachbarschaftliche Zusammenarbeit‚hat aber auch selbst eine nicht zu unterschätzende integrative Funktion für das Zusammenwachsen Europas. Die Kooperation auf kommunaler Ebene erleichtert nicht nur die Verständigung und Abstimmung bei grenzüberschreitenden Problemlagen, sondern hat darüber hinaus "grenzüberwindende" Funktion. Sie trägt damit über die lokale Ebene hinaus zu gutnachbarschaftlichen Beziehungen zwischen den Staaten und zur Förderung der europäischen Integration "von unten" bei. Dies gilt in besonderer Weise für die Euregio Egrensis in einem Grenzraum, der sich gegenwärtig noch an der Außengrenze der Europäischen Union befindet, aber gute Chancen hat, zu einer Region an europäischen Binnengrenzen zu werden.

- - - - - - - - - - - - - - - - - - - -

## Transboundary associations (Key to Fig.5)

1. Nordkalotten (N. S. SF); 2. Mitt Norden (N. S. SF); 3. Kjolen-Nordland-Västerbotten (N. S); 4. ARKO (N. S); 5. Östfold-Nordliga Bohuslän (N. S); 6. Kvarken (S, SF); 7. Skärgardsprojecktet (S, SF); 8. Øresund (DK. S); 9. Bornholm-Sydostra Skäne (DK. S); 10. Vestnorden (DK, Faroe Islands); 11. Åbenrå-Flensburg (DK. D); 12. Ems Dollart (NL, D); 13. EUREGIO (NL, D); 14. Rhein-Waal (NL, D); 15. Rhein-Maas-Nord (NL. D); 16. Maas-Rhein Euroregion (NL, D. B); 17. Interlimburg Maasland (NL, B); 18. Weert-Noord-Limburg (NL. B); 19 Kemperland (NL, B); 20. BENEGO (NL, B); 21. Nord- Pas de Calais (F. B); 22. Lille-Roubaix-Tourcoing (F. B); 23. Eifel and Ardenne European Union (F, B. L, D); 24. Arlon-Longwy-Esch (F, B, L); 25. Westpfalz Planning Community (D, F); 26. Saar-Lorraine-Luxemburg (D, F. L); 27. Rheinpfalz Planning Community (D, F); 28. Upper Rhine-Alsace (F. D); 29. South-Upper Rhine-Alsace (F, D); 30. Moyenne Alsace-Breisgau *CIMAB* (F, D); 31. Hochheim and Lake Constance (D, CH); 32. Regio Basiliensis (F, CH, D); 33. Jura (F, CH); 34. Lake Geneva Region (F, CH); 35. Ticino (CH, I); 36. Alps Working Community /ARGE Alp (D, A, I, CH); 37. Alps-Adria Working Community (A, I. D, H. SLO, CRO, CH *also includes the member states of ARGE-Alp*); 38. Valle d'Aosta-Haute Savoie-Valois (I. F. CH); 39. Assoziazione Franco-Italiana delle Alpi (F. I); 40. Alpazur (F. I); 41. West Alps Cantons and Regione Working Community (CH, F, I); 42. Pyrenees Regional Conference (E. F. AND); 43. La Manche-Dover Calais (GB.F); 44. Northern Ireland (GB, I); 45 Euroregion Pomerania (D, PL); 46. Euroregion Pro-Europa Viadrina (D, PL); 47 Euroregion Spree-Neiße-Bobr (D, PL); 48. Euroregion Neiße/Nysa (D, PL. Cz); 49. Euroregion Elbe/Labe (D. Cz), 50. Euroregion Erzgebirge (D, Cz), 51. Euroregion Egrensis (D, Cz); 52. Region Triagonale (A, H. SVK).

A (Austria); AND (Andorra); B (Belgium); CH (Switzerland); CRO (Croatia); Cz (Czech Lands); D (Germany); DK (Denmark); E (Spain); F (France); GB (Great Britain); H (Hungary); I (Italy); L (Luxemburg); N (Norway); NL (Holland); PL (Poland); S (Sweden); SF (Finland); SLO (Slovenia); SVK (Slovakia).

Regionen) vom 24. April 1995 zu der Revision des Vertrages über die Europäische Union, CdR 136/95.

Fig.5      Euroregions, Interregional working Groups, and
           other Border Region Associations in Europe (as of
           December 1995)

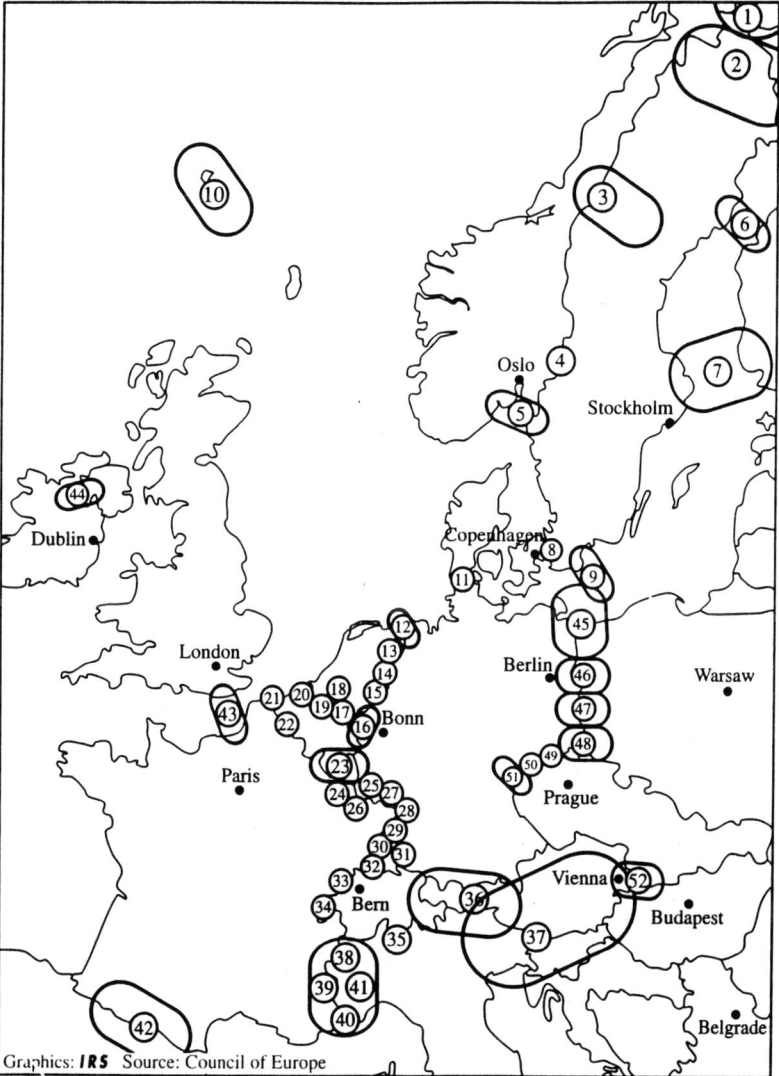

from: *Border Regions in Functional Transition* (Institute for Regional
      Development and Structural Planning, Berlin, 1996), pp. 86-87.

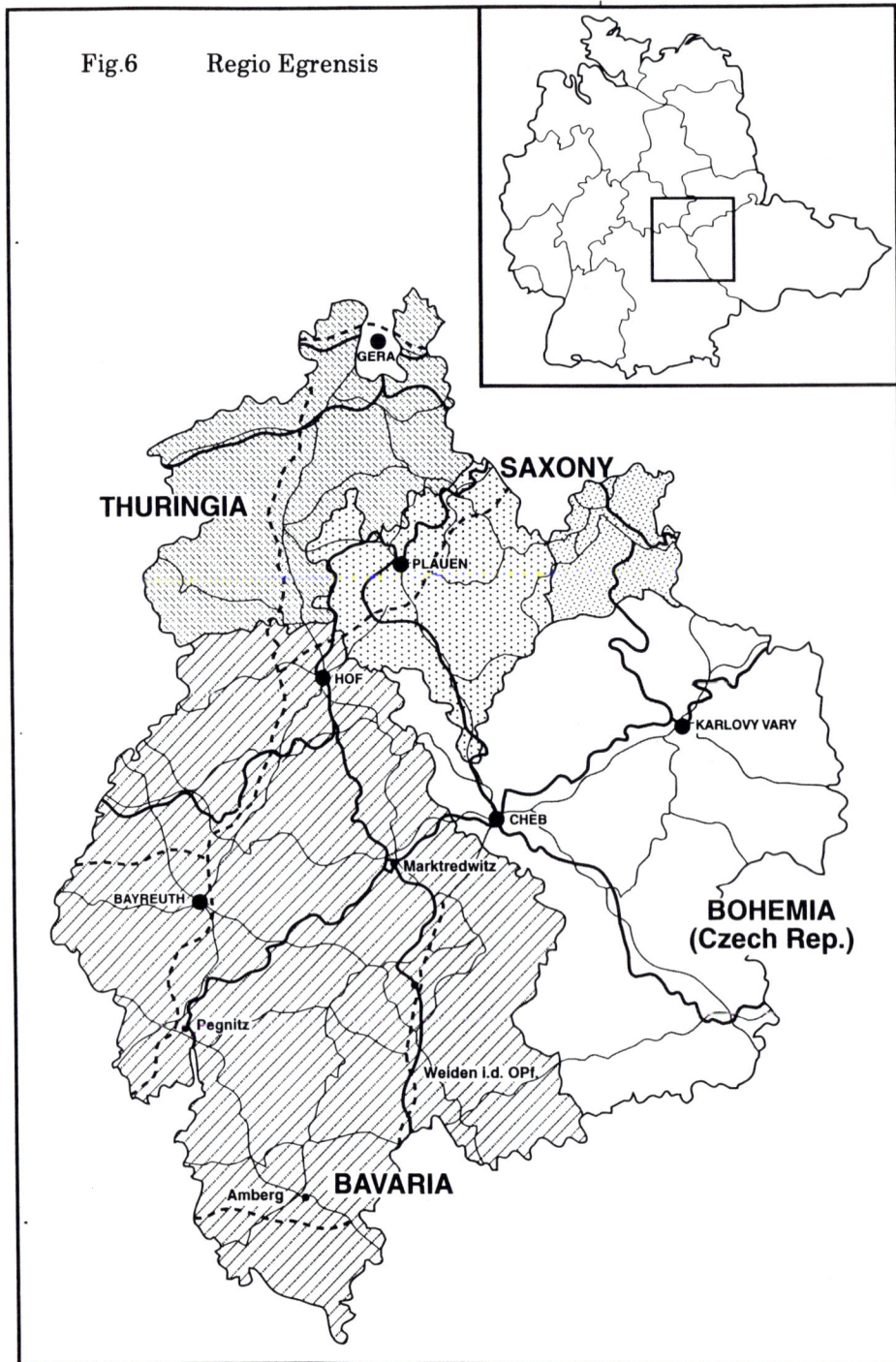

Fig.6        Regio Egrensis

Olszyna-Forst
# A View from the Polish-German Border

## Eberhard Bort

(based on information supplied by the Director of the Polish Border Post of Olszyna/Forst, Marian Kalek, and the Chief of Border Police, Colonel Jerzy Piwowarski at Tutzing, and by Lieutenant Colonel Wojciech Brochwicz, Deputy General Commandant of the Polish Border Police, with direct responsibility for the protection of the Polish territory and the conduct of border control, at a Seminar in Strasbourg, on 14 June 1996).

## I The Shock of the early 90s

In 1974, the new buildings of the border post of Oszyna/Forst were state of the art, built for the demands of cross-border traffic under the conditions of the "Iron Curtain". The rapid changes of 1990 came as a shock for customs and border police officers. In 1991, border police replaced the army, with a fundamental change of attitude towards border control. Exchange of goods and a rapid increase in border crossings brought with them long waiting times and queues. The increase of border crossings from 1990 to '91 was 40 per cent; the rise of cross-border criminality 400 per cent! 297 million people have crossed the Polish borders in 1995.

Since 1992, analogous to the border crossing at Frankfurt/Oder, desperately needed renovation and automatisation at the Olszyna post is under way, with the aim to shorten waiting times to a rationally acceptable minimum. Since 1992, too, customs and taxes are in the process of being adapted to European Union levels, in order to eventually facilitate Poland's accession to the EU, envisaged for the end of this century.

Since 1 January 1992 forms have been standadised; since July 1995 the common transit procedure has been installed.

Nine customs posts are now fully networked; by the middle of 1996 this number should be increased to twenty.

These measures have produced a slight shortening of waiting times for goods transports already, despite the continuing increase of goods being im- and exported.

What is worrying is that all these efforts on the Polish western frontier seem to have resulted in a lack of investment into the modernisation of the eastern frontier, which would, as soon as Poland becomes a member of the European Union, be likely to become the eastern frontier of the EU. As a reaction to this, PHARE funds are now mainly directed towards modernising border crossings at Poland's eastern frontier.

1,000 - 1,300 lorries pass Olszyna-Forst every day; for 5 per cent of them Olszyna-Forst provides the final customs service, for 85 per cent of them it is an intermediate checking point, and 10 per cent of them carry transit goods.

Olszyna-Forst provides 1 per cent of the Polish state's revenue; 30 per cent of all customs takings of Poland.

## 2 Rising Tourism

There are no problems with tourism. In 1995, more than 10 million tourists were counted at Olszyna-Forst; and the post has administrative responsibilities for two further border crossings - catering for another 10 million tourists.

Over 60 per cent of persons crossing the border at Oszyna-Forst are foreigners. The peak periods - and thus the most difficult times - are May to September, Christmas and Easter.

Achievements in moderising the Olszyna-Forst since 1992 have resulted in substantial improvements for persons crossing the border; waiting times have been cut down considerably.

## 3 Illegal Migration

Migration, and above all, illegal migration have presented themselves as new problems since the lifting of the Iron Curtain. Migrants and asylum seekers from Sri Lanka, India, Azerbeijan, Somalia, Belarus, Pakistan, etc have caused problems. The reasons for migrating are manifold:

- escape from economic deprivation
- war refugees
- dodging of military service
- political refugees

Some come legally, some illegally. Many use the unmarked, green borders. But most of them are not criminals. They are, mostly, victims of organised criminal trafficking of illegal immigrants.

45 per cent of illigal immigrants come from Romania and Bulgaria; 30 per cent from the area of the former Soviet Union; and 20 per cent from Asia and Africa. Between 1991 and 1995, 48,000 people were arrested, 35,000 of them illegal immigrants. In the first quarter of 1996, 3,000 persons have been arrested - 70 per cent of them wanted to get illegally to Germany. Incresasingly, groups, orgsanised by criminal human traffickers, have been arrested: in 1995, 155 groups wrere held up at the border; in the first quarter of 1996, 22 groups - a total of 323 persons - were arrested (20 of them on their attempt to get illegally to Germany). On the route from Belarus through Poland to Germany, an illigal immigrant has to pay between 3,000 and 4,000 US-Dollars to secure the help of organised traffickers.

In 1995, 1,319 false passports were confiscated, 400 false visa and 500 other forged travel documents. Coordinated measures against human smuggling include increased border checks, new checkpoints, and increased competences for the border police in immigration policies.

Poland has accepted to take back illegal immigrants who crossed the Polish western frontier. But there are problems to objectively establish whether illegals had immigrated to Germany from Poland or from another country, due to (often willfully) destroyed passports and travel documentation. Since 1991, readmission treaties have been signed with all Schengen states and almost all relevant states in the east and south-east: Czech Republic, Bulgaria, Ukraine, Moldavia, Greece, Hungary, Belarus and Russia.

In 1995, Olszyna-Forst alone received 500 persons back from Germany. Since May 1993 (readmission treaty with Germany), 18,000 persons have been received back by Poland from Germany. There is the problem that the transition camps are crowded, and that illegals are being kept too long there.

An important role is played by collaboration between the Polish authorities and the German border police (Bundesgrenzschutz). After every shift there is an exchange of information between the Polish and the German side. This cooperation was sealed on 5 April 1995, when the Treaty of Cooperation between police and border police in the German-Polish borderlands was signed by the two governments.

Yet there still are informational problems. Human smuggling is not only a burgeoning trade for organised crime; it is also locally based, organised by people living in the border area on both sides.

## 4 Cross-Border Crime

Illigal trade - predominantly drugs, cigarettes, alcohol - has dramatically increased. 3,000 stolen cars were seized in 1995, representing a value of $37 million. 3,500 people were arrested. Poland has become a main drug-trafficking transit country, particularly for amphetamines.

The strengthening of Poland's eastern frontier must also be seen as the attempt to erect a first serious obstacle to illigal migration and illigal trade from east to west.

To be more effective in doing this, Poland aspires to become a member of the European Union and of the Schengen accord, with access to the Schengen Information System at Strasbourg.

Czech Republic
# Coping with a New Situation

### Eberhard Bort

(based on information supplied by Ivo Schwarz, Director of Foreign and Border Police, Plzen, and Dr Milos Mrkvica, Director of the Department of Migration/foreign and Border Police, Prague)

## 1 Increased Border Communication

1989 and 1993 marked two fundamental steps towards a completely new situation at the Czech-German border. The 'velvet revolution' of 1989 and the subsequent opening of the border resulted in a booming of "border communication" - both legally and illegally. Some figures will illustrate the extent to which the border authorities were confronted with a new dimension of border crossings:

- In 1991 59 million persons crossed the Czech-German border; in 1995 the figure had increased to 98 million persons.

- In 1991 17 million cars were counted at the Czech-German border; in 1995 that figure stood at 30 million cars.

And although measures were taken immediately to renovate and enlarge border checkpoints, to cope with this increased "border communication" has proved difficult and problematic, resulting in long queues and intolerable waiting times.

But there are several silver linings. Rozvadov/Waidhaus is envisaged soon to open as a motorway border crossing, bringing substantial relief to other checkpoints. Accords about common customs services with the German side will speed up procedures at the border.

## 2 The Break-up of Czechoslovakia

Crossborder crime and illegal migration are the two most significant problems at the border. Figures for illigal migrants will illustrate this:

- In 1991 18,000 persons were held up trying to cross the border illegally from east to west;

- In 1993 the figure had risen to 43,000 persons;

- In 1995 it was down again and stood at 19,000 persons.

What had happened? In 1993, Czechoslovakia broke up, separated into the Czech Republic and the Slovak Republic. A new border - and as the figures show, with pretty tight border control - was established between the two republics. The Czech-Slovak border functions as a filter, bringing substantial relief to the Czech-German border.


## 3  "Kleiner Grenzverkehr"


Between the Czech Republic and Germany there are at the moment (1 March 1996) no less than 38 touristic paths crossing the border, providing alternatives ("Kleiner Grenzverkehr") for pedestrians and cars - most of them locally based in the borderlands, or tourists - but not for lorries. Negotiations are currently taking place as to how many of them will be retained as 'pedestrians only' crossings, and how many of them ought to be closed.

# Die Grenzen Ungarns:
# Von der ungarischen Zollverwaltung aus gesehen

### Mária Horváth

## I Allgemeiner Überblick

Die ungarische Zollverwaltung hat insgesamt ca. 5 000 uniformierte und zivile Mitglieder, aufgeteilt auf 97 Zollämter; davon sind 45 Grenzzollämter. Dazu kommen noch 20 Zollfahndungsämter.

Unsere Heimat umfaßt zwar nur 1% von Europa, aber sie spielt trotzdem eine bedeutende Rolle im Herzen Europas: sie ist eine Drehscheibe, was den Transitverkehr betrifft.

Ungarn ist bekannt und anerkannt - das können wir auch damit unterstreichen, daß wir noch immer Zielpunkt für die Touristen sind - obwohl manchmal nicht im guten Sinne.

1995 wurden über 112 Millionen Reisende und über 3,5 Millionen LKW registriert.

Unsere Tätigkeit an der Grenze wurde mit großem Interesse verfolgt, weil die ungarisch-österreichische Grenzstrecke im Sinne des Schengener Abkommens eine Schlüsselposition für West-Europa eingenommen hat.

Wegen der strengen österreichischen Maßnahmen war der Übergang für uns nicht leicht, aber unsere Kollegen haben bewiesen, daß sie den schweren, aber modernsten, Erwartungen entsprechen können.

Wegen der verschiedenen Änderungen in der osteuropäischen Region hat die Republik Ungarn im Gegensatz zu früher fünf, jetzt mit 7 Staaten Grenzen. Die Struktur und die Gestaltung der Grenzübergänge aber war auf die ehemaligen fünf Länder ausgerichtet.

In den letzten Jahren wurde der Schwerpunkt der internationalen Transporte auf den Staßenverkehr umgestellt; der Transitverkehr wuchs.

Sehr viele der jetzigen Grenzübergänge entsprechen nicht mehr dem Reise- und Güterverkehr; sie wurden in den 60er und 70er Jahren für ein ganz anderes Verkehrsaufkommen gebaut. Deswegen ist jetzt ihre Durchlässigkeit eingeschränkt.

## II Zeit ist Geld!

An unseren Grenzübergängen bereitet nicht der Reiseverkehr große Sorgen, sondern der den europäischen Durchschnitt überschreitende Güterverkehr auf unseren Landstraßen.

Leider kommt es oft vor, daß es zum Beispiel in Záhony in Richtung Ukraine, oder in Richtung Rumänien, sehr lange Wartezeiten gibt, manchmal sogar über 10-20 Stunden. Die Lieferunternehmen erwarten von uns, daß ihre LKW reibungslos die Grenzen passieren können.

Wir sind auch daran interessiert, daß die Wartezeiten vermindert werden. Dabei führt der Weg über die Steigerung der Durchlässigkeit bis zur Errichtung und Eröffnung neuer Grenzübergänge.

Dabei müssen wir mit verschiedenen Anforderungen rechnen. Im materiellen Bereich: Bau neuer LKW-Terminals, Abfertigungsanlagen, Errichtung neuer Spuren. Personal brauchen wir auch, das dort seine Tätigkeit ausüben kann.

Beides bringt einen hohen Kosten- und Zeitaufwand mit sich.

Die Investitionen kann man jedoch nicht von einem Tag auf den anderen verwirklichen; auch die Ausbildung unseres Zollpersonals kostet sehr viel Zeit und Geld. Nach 3-4 Jahren erst kann die entsprechende Qualifikation erworben werden. Materielle Mittel bekommen wir vom Zentralbudget.

Zum Fragenkreis der Wartezeiten gehört aber auch, daß die ungarische Zollbehörde LKWs nur in dem Tempo durchlassen kann, wie die Nachbarbehörden diese auch empfangen können - und umgekehrt.

Im Interesse der Minderung der Wartezeiten hat die ungarische Zollbehörde schon mehrere Maßnahmen eingeführt. Mit den ukrainischen und rumänischen Grenzbehörden haben wir mehrmals sogenannte Krisengruppen wegen der Beschleunigung des Verkehrs aufgestellt, und denen ist es zu danken, daß die Grenzübergänge in den östlichen Teilen Ungarns mit dem für die jetzigen Verältnisse optimalsten Durchlässigkeitsgrad funktionieren können.

Ich möchte auch darüber informieren, daß neben der Beschaffung der materiellen Mittel für den Aufbau neuer Grenzübergänge die Erweiterung und Entwicklung der vorhandenen Grenzübergäge ein Unternehmen ist, das große Koordination erfordert und eine weitreichende Aufgabe darstellt.

# III  Die Beziehungen zwischen Ungarn und der EU

Ungarn nahm schon 1988 Kontakte mit der EU auf diplomatischer Ebene auf. Ungarn war das erste der mittel- und osteuropäischen Länder, das mit der EU ein Abkommen über Handel und wirtschaftliche Zusammenarbeit unterzeichnete.
Danach kam die Unterzeichnung des Vereinigungsvertrags, der am 1. Februar 1994 als Europa-Abkommen in Kraft trat (Gesetz Nr.I.1994), dessen Ziele beispielsweise umfassen:

• den entsprechenden Rahmen für den politischen Dialog zu schaffen;
• die sukzessive Herstellung einer Freihandelszone zwischen Ungarn und der EU;
• partnerschaftliche Zusammenarbeit auf den Gebieten der Wirtschaft, Finanzen, Kultur, u.sw.

In dem Gesetz steht, den Zoll betreffend, u.a. das Abkommen halte es für wichtig, daß das Ziel der Zusammenarbeit die Sicherung der Einhaltung der mit dem Handel zusammenhängenden Bestimmungen ist, sowie die Annäherung des ungarischen Zollsystems an das europäische zu erreichen.
Auf unserem Gebiet beschäftigt sich die Zusammenarbeit mit folgendem:

• Informationsaustausch
• Organisation verschiedener Seminare
• Entwicklung der grenzüberschreitenden Struktur zwischen den Partnern
• SAD Dokument
• Gründung der Transitsysteme zwischen Ungarn und der EU

# IV  Entwicklungsgebiete des ungarischen Zollsystems

Die ungarische Zollverwaltung bereitet sich wirksam und bewußt auf allen Gebieten - aber besonders auf dem Gebiet der Entwicklung der Grenzübergänge, der Datenverarbeitung, der Kommunikation, im Zollrecht und auf dem Gebiet der Weiterbildung - vor, das Ziel zu erreichen, Mitglied der EU zu werden.
Mit meinen Kollegen sind wir der Überzeugung, daß diese Vorbereitung in gutem Tempo verläuft.
Die Modernisierung des Zollsystems bedeutet für uns nicht nur eine hervorragende Aufgabe, diese Integrationsbestrebungen treffen auch mit

den Vorstellungen der ungarischen Regierung, der Ministerien und des Parlaments zusammen, weil die Grundlage der Mitgliedschaft die Zollunion ist, und dem harmonisierten Zollsystem dabei eine Schlüsselfrage zukommt.

## V Stand unserer Grenzübergänge

Im Jahr 1995 war im internationalen Transport der LKW-Verkehr auf der Straße dominierend. Neben Vorteilen hat dies auch Nachteile. Die Verkehrsstraßen sind überfüllt; Grenzübertritte brauchen Zeit; dazu kommt die Umweltschädlichkeit.

Internationale Bestrebungen zielen auf kombinierte Warenlieferung, wo die LKWs nur in notwendigstem Maße die Straßen in Anspruch nehmen.

Wie ich schon erwähnte, ist die Kapazität und Durchlässigkeit der in den letzten Jahrzehnten gebauten Grenzübergänge nicht für die Abwicklung des Reise- und Güterverkehrs geeignet. Deshalb sind neue Entwicklungen notwendig.

Seit 1990 bis heute hat im Bereich des Reise- und Güterverkehrs eine alle Vorstellungen übersteigende Entwicklung eingesetzt. Aber die Entwicklung der Grenzübergänge und des Personals hat damit nicht Schritt gehalten.

Wir müssen auch sehen, daß ca. 80% des internationalen Verkehrs auf der Straße abgewickelt wird, und daß an den Grenzübergängen 70% davon in den Arbeitsbereich von nur 10-12 Grenzzollämtern fällt.

## VI Einige Angaben zu den Grenzübergängen im einzelnen

### (1) Slowakische Grenzstrecke

Sie umfaßt 9 Grenzübergänge, die auch dem internationalen Güterverkehr zur Verfügung stehen. Derzeit führen wir mit unseren slowakischen Partnern Gespräche über die Errichtung eines Autobahngrenzzollamts. Für die Bauarbeiten ist seitens des Phare-Programms finanzielle Unterstützung eingeplant. Leider konnten wir unser Abkommen mit den slowakischen Partnern noch nicht unterzeichnen.

Ursprüngliche Vorstellung ist dabei, daß an diesem neuen Gemeinschaftszollamt die Güterabfertigung auf slowakischem Gebiet durchgeführt wird. Der Reiseverkehr bleibt sowohl bei uns als auch bei ihnen.

Voriges Jahr wurden einige kleinere Grenzübergänge bilateral eröffnet. das Fahrverbot an den Wochenenden und Feiertagen hatte eine große Bedeutung auf die Wirkung der Grenzübergänge.

Hier kam aber auch der Mißbrauch von Carnet TIR vor (gefälscht, oder mehr Ware als in den Dokumenten angegeben).

## (2) Ukrainische Grenzstrecke

Was den LKW-Verkehr betrifft, hatten wir hier die größten Sorgen. Der LKW-Verkehr in Richtung Süd-Ost und West-Ost mußte durch das Nadelöhr eines einzigen Grenzübergangs; der konnte leider den Bedürfnissen nicht entsprechen, und deswegen ergaben sich so lange Wartezeiten.

Die Lage wurde noch dadurch erschwert, daß die Kontrolle der verbrauchssteuerpflichtigen Waren in Richtung GUS-Staaten ebenfalls hier durchgeführt wurde. Wie ich schon erwähnt habe, haben wir mit Zustimmung der ukrainischen Grenzbehörden Verkehrsumleitungen eingeführt. Das bedeutet, daß an den kleineren bilateralen Übergängen die Reisenden ungestört die Grenze passieren können.

Auch hier kommt es vor, daß ukrainische oder russische LKW mit gefälschten Carnet TIR nach Ungarn einreisen möchten.

## (3) Rumänien

Hier stehen dem LKW-Verkehr 3 Grenzübergänge zur Verfügung. Um die größeren Übergänge zu entlasten, haben wir auch hier zwei kleinere für den Reiseverkehr neu gebaut. Davon funktioniert auf unserer Seite einer mit provisorischen Öffnungszeiten. Wir warten auf unsere rumänischen Partner, daß sie auch auf ihrer Seite die Bauanlagen und Straßen einrichten werden.

In bestimmten Zeiten - wie Ihnen auch sicher bekannt ist - bedeuten türkische Gastarbeiter für uns ein Problem. Um ihnen - und unseren Kollegen - zu helfen, haben wir voriges Jahr einige Erleichterungen eingeführt: Nicht weit von Hegyeshalom an der österreichischen Grenze wurde ihnen die Möglichkeit eröffnet, per Eisenbahn mit ihrem Auto weiterzufahren bis zu ihrer Endstation nach Istanbul oder anderswohin in der Türkei.

Auch dieses Jahr werden wir wieder im Vorfeld mit anderen Behörden die Dinge so koordinieren, daß dieser Verkehr reibungslos ablaufen kann.

(4) Serbische Grenzstrecke

Für den LKW-Verkehr sind hier 2 Grenzübergänge geöffnet.
Richtlinie war voriges Jahr noch die Einhaltung des Embargos, d.h. die
Durchsetzung der von der UNO verhängten wirtschaftlichen Sanktionen.
Ende 1995 wurden diese Sanktionen aufgehoben. Demzufolge hat der
Verkehr erheblich zugenommen.
Mitte des Jahres wurde in Tompa ein neuer LKW-Terminal in
Betrieb genommen, so daß der Verkehr ohne Probleme abgefertigt werden
kann.

(5) Slowenien

Nur der Übergang Rédics ist hier für den LKW-Verkehr geöffnet. Dabei
erleben wir hier den sich am dynamischsten entwickelnden Verkehr.
Um der Krisensituation beizukommen, haben wir mehrerlei Maßnahmen eingeleitet. Aber die konnten die Tatsache nicht beeinflussen, daß
eben nur dieser eine Grenzübergang auch für LKW passierbar ist.
Die Belastung konnte aber dadurch erleichtert werden, daß in Richtung Ljubljana ein kombiniertes System geschaffen wurde.

(6) Kroatien

Hier gibt es 5 für LKW geöffnete Übergänge; dazu 4 ausschließlich für den
Reiseverkehr.
In der Zukunft möchten wir einen Autobahngrenzübergang in
Letenye einrichten. Wir haben in der Sache schon mit unseren kroati-
schen Partnern Kontakt aufgenommen.

(7) Österreich

Wie soll ich beginnen?
Der Grundgedanke ist, daß Ungarn seit dem vorigen Jahr an einer
EU-Grenze liegt.
Wenn wir ein bißchen in die Vergangenheit zurückgehen, können
wir auch feststellen, daß früher diese Grenze überhaupt nicht als
Zollgrenze in Erscheinung trat, weil zwischen den beiden Staaten der
Monarchie eine alle zehn Jahre wieder erneuerte Handels- und
Zollföderative Union existierte. Dann hat diese Grenze unsere Völker für

lange Zeit getrennt; in den letzten Jahrzehnten hat sie wieder gut funktioniert.

Die Grenzstrecke ist 359 km lang, mit 11 Grenzübergängen für den Straßenverkehr, 6 für die Eisenbahn, und einem provisorischen für die Schiffahrt.

## VII Österreichs EU-Beitritt und seine Auswirkungen

Österreich ist seit 1. Januar 1995 EU-Mitglied. Da kann man leicht einsehen und verstehen, daß es dank dieser Tatsache für die an den ungarisch-österreichischen Grenzübergängen arbeitenden Grenzbehörden gar nicht so leicht war, sich auf andere Bestimmungen umzustellen. Vielleicht ist es gelungen? Urteilen Sie selbst.

Mit unserem einzigen West-Nachbarn haben wir so gute Kontakte, daß - seit Jahren schon - darüber gesprochen wurde, Gemeinschaftszoll-ämter einzurichten - und das geschah noch vor dem EU-Beitritt Österreichs.

Jetzt funktionieren 5 davon auf ungarischem Gebiet und ein LKW-Terminal in Nickelsdorf.

Der erste Autobahngrenzübergang wurde ebenfalls hier, in Hegyes-halom-Nickelsdorf, als Muster eingerichtet. Die Kollegen arbeiten gut zu-sammen; sprachlich ergeben sich keine Probleme - und die ungarischen Staatsbürger, die ihre Mehrwertsteuerdokumente nicht dem ungarischen Zollbeamten zeigen wollen, können andere Grenzübergänge wählen, wo wir noch getrennt arbeiten. Aber die Kollegialität ist - trotz den einigen Metern Distanz - ausgezeichnet.

Der Beitritt zur EU brachte schon wieder neue Sorgen. Nach vielen Expertenbesprechungen wurden Extra-Spuren beim Reiseverkehr einge-richtet, auf denen sowohl EU-Bürger als auch bilateral visumfreie Reisende (dazu gehört auch Ungarn) getrennt von visapflichtigen Staatsbürgern von Ungarn aus- bzw. nach Ungarn einreisen können.

Damit aber die Lage nicht zu einfach wird, arbeitet noch eine Behörde mehr an dieser Grenze - die österreichische Gendarmerie. Aber Kollegen aus der EU können hierüber eher sprechen und urteilen.

Was auch für EU-Bürger von Vorteil sein könnte ist, daß sie die kleineren, bisher nur bilateralen, Grenzübergänge in Anspruch nehmen können - und die sind sehenswert! Es lohnt sich, dort die Grenze zu über-queren. Es handelt sich hier nämlich um Naturschutzgebiete.

Noch ein Grenzübergang ist hier erwähnenswert: Rábafüzes-Heili-genkreuz. Vor kurzem haben die Gespräche begonnen zwischen den unga-rischen, den EU- und den österreichischen Organen über die Wiederher-

stellung des Veterinär- und Pflanzenversorgungssystems. Ehemals wurde
dieser Grenzübergang - auf unsere Kosten - so eingerichtet, daß die Pflan-
zen- und Tierärzte auch ihre Räumlichkeiten bekamen, aber wegen des
EU-Beitritts Österreichs spielte dies keine Rolle mehr.

## VIII  Das Phare-Programm

Noch kurz ein paar Bemerkungen zum Phare-Programm betreffs Investitionen. Sicher ist bekannt, wann dieses Programm begann, und welche
Möglichkeiten es den Begünstigten einräumt. Ich möchte nur einige wesentliche Punkte, die uns betreffen, hervorheben:
      Oben sprach ich über die verschiedenen Grenzstrecken, an denen
wir Probleme haben. Diese abzubauen liegt im Bestreben unserer Regierung wie auch von uns. Im Interesse der entwicklung der Grenzübergänge
haben sich beide um Mittel beworben; dazu kommt noch, daß Nachbarlän-
der die Möglichkeit haben, sich gemeinsam zu bewerben.
      Als Ergebnis ist es uns möglich, in Richtung Rumänien 3 Grenz-
übergänge (Nagylak, Artánd, Gyula), in Richtung Ukraine 2 (Záhony,
Beregsurány), in Richtung Slowenien einen (Rédics) und in Richtung Slowakei einen (Rajka) als Autobahngrenzübergang zu bauen.

## IX  Gemeinschaftliches Versandverfahren

Zum Abschluß noch kurz ein paar Worte über das gemeinschaftliche Ver-
sandverfahren:
      1995 war eine wichtige Station für uns. Das Parlament hat unser
Zollgesetz verabschiedet, das zum 1. April 1996 in Kraft tritt. Dieses
Gesetz wurde EU-konform ausgearbeitet. Und in ihm ist auch dieses
Versandverfahren verankert, das wir schon seit 1. Januar 1995 national
eingeführt haben. Die Mitgliedschaft beginnt offiziell ab 1. Juli 1996.
      Es ist offensichtlich, daß Österreich als EU-Mitglied hier in unserer
Nachbarschaft eine große Rolle spielt. Wir alle hoffen, daß diese Außen-
grenze zukünftig nicht bei uns enden wird, sondern ein bißchen weiter
östlich.
      Einen Spruch habe ich gehört: Nach der Abschaffung des eisernen
Vorhangs darf nicht ein Eis-Vorhang aufgebaut werden.
      Die Zollbehörden und die Zöllner waren und sind immer bereit und
offen für die verschiedenen bilateralen und multilateralen Dialoge.

# 200 km Eastern Frontier of the EU

### Eberhard Bort

(based on information supplied by Polizeioberrat Franz Kauper [Border Police, Furth im Wald] and Regierungsdirektor Johann Bauer [Central Customs Office, Weiden]).

## I Explosive Developments after 1989

Generally speaking, policing the border in Germany is within the remit of the *Bundesgrenzschutz*; but the federal states of Bavaria, Hamburg and Bremen have their own border police. The Bavarian-Czech border covers approximately 200 kilometres of the Eastern frontierr of the European Union.

Three problem fields concerning the Bavarian-Czech border can be singled out:

- Abrupt increase of traffic of goods and persons across the border since 1989/90 - a complete change from a sealed to a completely open border;

- extreme difference in wealth, wage levels, taxation, etc along the border - a breeding ground for criminal trans-frontier activities;

- cooperation across the border means breaking new ground.

As the statistics show, traffic has increased explosively since 1989. Private cars and lorries taken together, there has been a steep increase from 3.5 million vehicles in 1989 to over 77 million vehicles in 1995.

The border crossing at Furth im Wald is currently being modernised and enlarged. Work started in spring 1996, and will be completed within 2-3 years. It is mostly due to the complicated planning laws in Germany that these measures could not be undertaken earlier. Thus it is estimated that 9 years (!) after the opening of the border adequate facilities will be available!

But that still means that the connecting roads are heavily over-burdened. Bypasses are urgently needed to save some small towns and villages from drowning in exhaust fumes and traffic noise.

Before 1989 there were 5 border crossings betwen Bavaria and Czechoslovakia; now there are 14; yet all the new checkpoints are small and serve only cars. Personnel is being restructured, with sometimes negative consequences for border communities (when police personnel is thinned out there to concentrate staff at the border crossings).


II Cross-border criminality peaked in 1993


Due to the radical changes/restrictions in German asylum laws, and due moreover to the installation of the Czech-Slovak border and increased collaboration between German and Czech authorities, cross-border criminality passed its peak in 1993.

In Furth in 1992, 900 illegal migrants were counted, in 1995 only 82; there still is an increase in car smuggling, despite measures by insurance companies to fight fraud, and despite the FINAS system which was introduced to enable better identificatiuon of stolen cars. In 1990 4 cars were captured by Furth border control, in 1995 this figure had increased to 114.

Other forms of cross-border criminality include drug-trafficking, forged passports, illegal prostitution, all tied up with organised crime. 90 per cent of illegal migrants are part of a flourishing trade in illegal immigration, operated by highly organised gangs. This is also indicated by an increase of arrested human smugglers. Passport and visa cases increased from 221 in 1991 to 620 in 1993, and have since remained at that high level. The same stagnation on a high level can be seen, according to the *Bundeskriminalamt*, in car smuggling.

Since 1993, too, the *Bundesgrenzschutz* is patrolling the "green border" between Bavaria and the Czech Republic.

Furth im Wald suffered its first two drug casualties in 1995. That the quantity of drugs (mostly Heroin) taken by the customs within the administrative area of Weiden declined from 797 kg in 1991 to just barely 55 kg in 1995 has various reasons:

• successful deterrent of customs authorities, not just in Weiden or Germany, but in Poland and Hungary as well;

• new routes since 1991;

• "ant trade" in Poland, Romania and the Czech Republic - small quantities - many traffickers;

• efficient collaboration between customs and border police.

- increased controls in the hinterland (all of Bavaria, in consequence of "Schengen", is "border zone" - i.e. random spot checks are possible without cause of suspicion)

While the number of major drug captures declined from 15 in 1991 to 3 in 1995, the number of minor captures from 8 in 1992 to 97 in 1995!

The same pattern can be observed in cigarette smuggling. (A multi-pack of cigarettes costs between DM 13 and 20 in the Czech Republic; in Germany up to DM 50). The peak in seizures here was in 1994, with 13.4 million captured cigarettes (1991: 2.48 million; 1995: 10.9 million). Again, the major catches have become rarer.

Illegal arms trading was thought impossible before 1989. Now, thanks to increased cross-border collaboration, a Neonazi-arsenal of weapons could be seized. But it is amazing what is being smuggled: quantities of 900 or 1,000 rounds of ammunition, anti- tank weapons, hand-granades, etc.

III Cross-border Cooperation

In 1995, more than 1,000 cross-border procedures were counted. Bilingual administrative forms and impeccable communcative channels have become common usage along the border, not just between Bavaria and the Czech Republic. There are a number of twinnings between Bavarian and Slovak border posts!

As from 1 June 1996, the first common customs post between Bavaria and the Czech Republic becomes operative. Waidhaus/Rozvadov is to become the first motorway border-link; the Prague-Rozvadov motorway is supposed to be completed by 1 July 1997. Unfortunately, on the German side, the connecting B14 will only be enlarged by 1999!

Cross-border cooperation is making progress - yet often on the fringe of legality. Border regions and border authorities still are granted too little legal competency, but they find practical ways of collaboration.

German border authorities eagerly await a German-Czech border agreement which will facilitate the legal exchange of data.

Initial problems with the Schengen Information System have improved - the waiting time, culling information from the system, has become acceptable. But common visa regulations for the Schengen states are still missing; and information-feeding into the SIS is not satisfactory yet - as the practice varies a great deal between member states.

Fig.7        Reiseverkehr an den Straßenübergängen zur
             Tschechischen Republik / Persons crossing Road-
             Border between North-Bavaria and the Czech Rep.

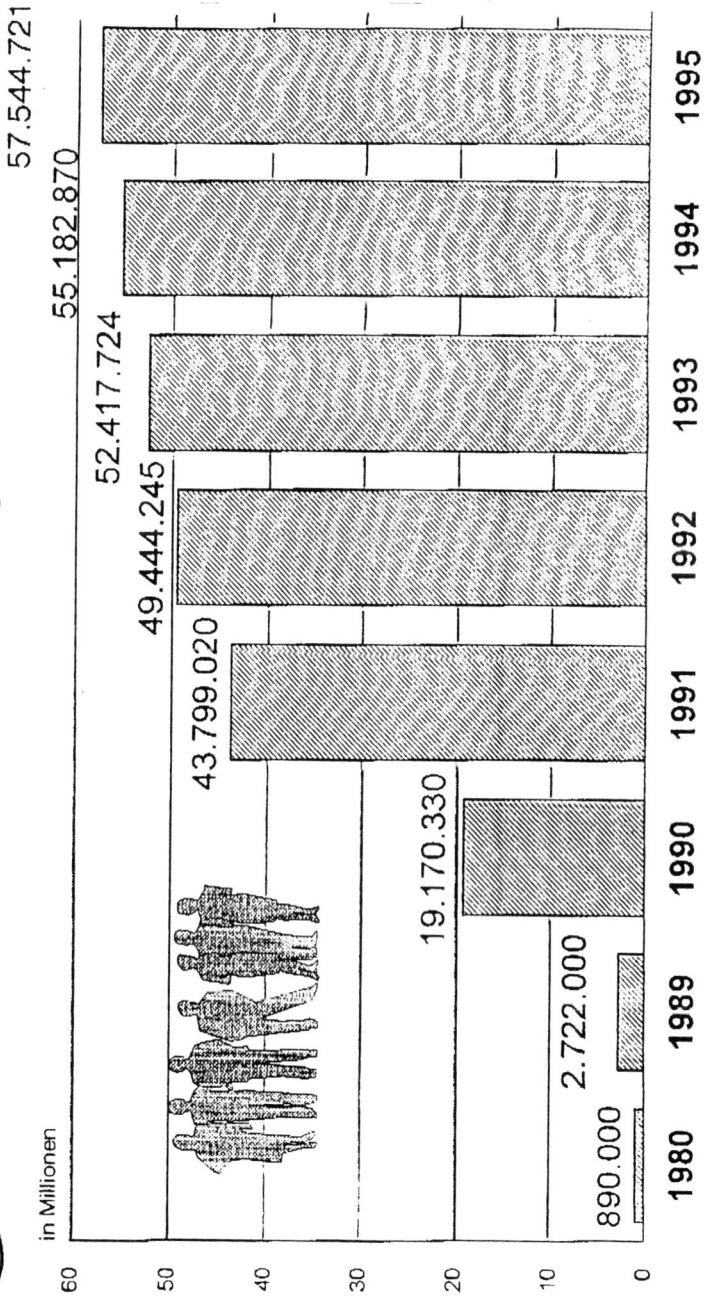

**Reiseverkehr**
an den Straßenübergängen zur CZ

in Millionen

| Jahr | Personen |
|------|----------|
| 1995 | 57.544.721 |
| 1994 | 55.182.870 |
| 1993 | 52.417.724 |
| 1992 | 49.444.245 |
| 1991 | 43.799.020 |
| 1990 | 19.170.330 |
| 1989 | 2.722.000 |
| 1980 | 890.000 |

Grenzzollämter der OFD Nürnberg (Nordbayern) - Stand 1.1.96

Fig. 8      Kfz-Verkehr // Cars crossing North-Bavarian - Czech
            Border

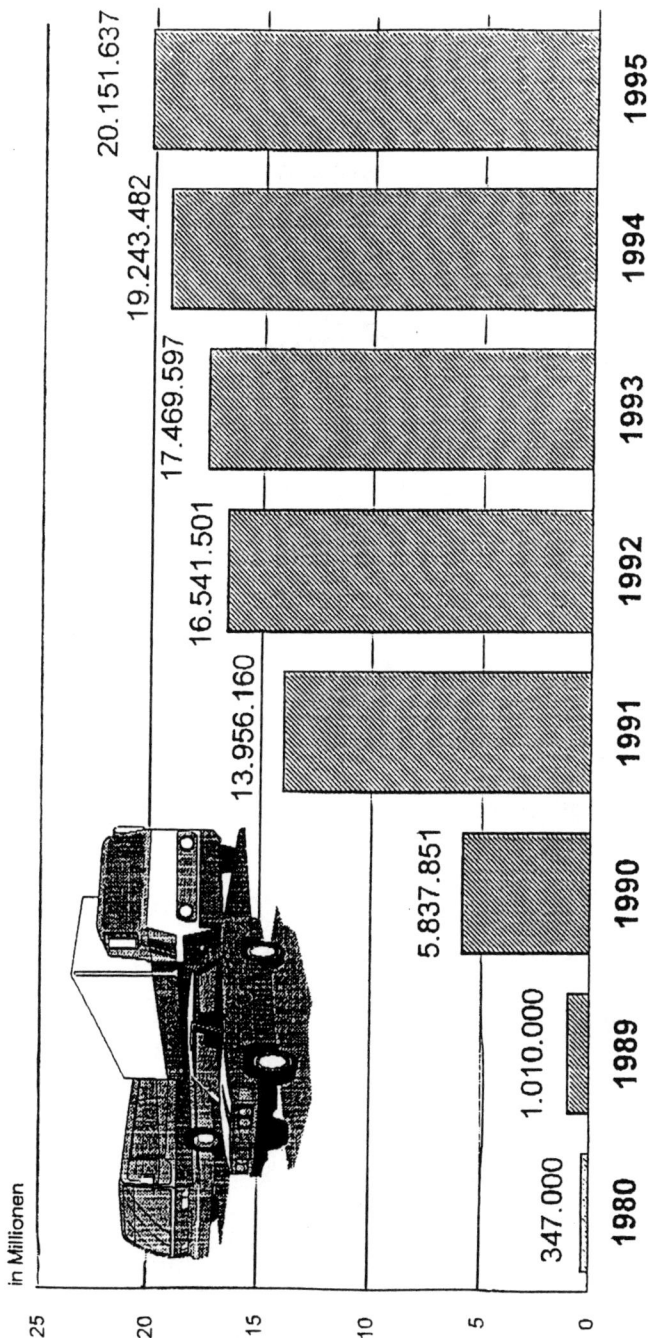

**KFZ-Verkehr**
an den Straßenübergängen zur CZ

in Millionen

Grenzzollämter der OFD Nürnberg (Nordbayern) - Stand 1.1.96

| Jahr | Kfz |
|------|-----|
| 1995 | 20.151.637 |
| 1994 | 19.243.482 |
| 1993 | 17.469.597 |
| 1992 | 16.541.501 |
| 1991 | 13.956.160 |
| 1990 | 5.837.851 |
| 1989 | 1.010.000 |
| 1980 | 347.000 |

Fig. 9        LKW-Verkehr // Lorries

**LKW-Verkehr**
an den Straßenübergängen zur CZ

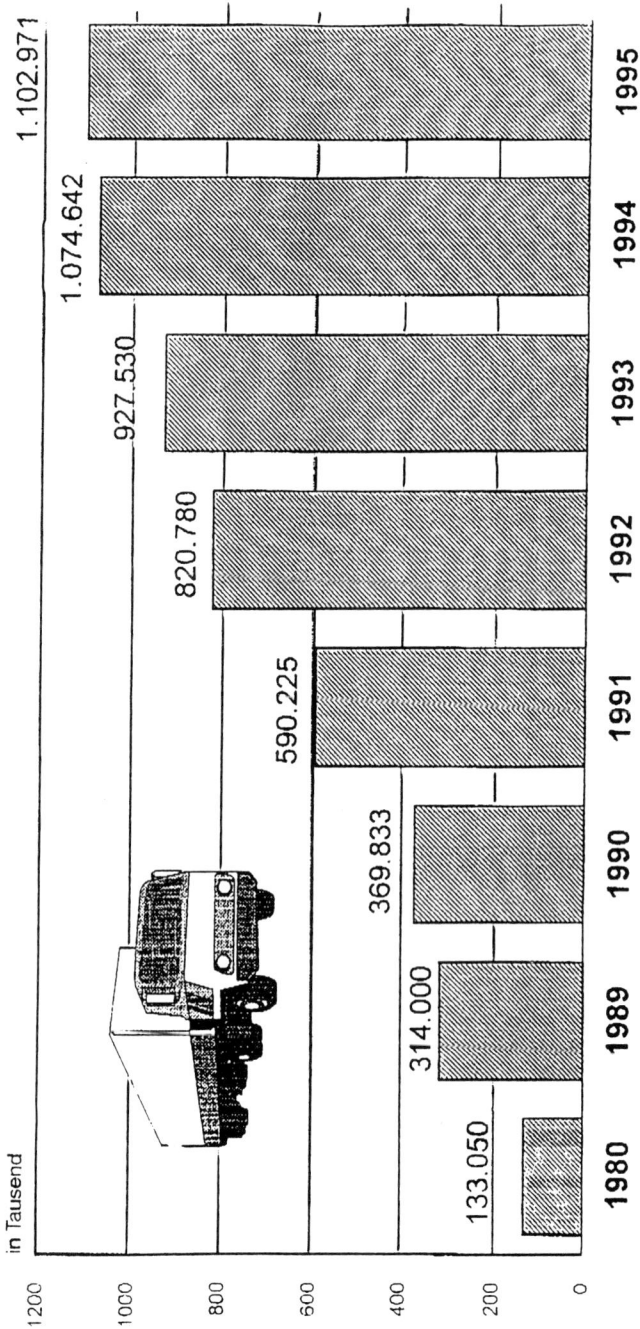

in Tausend

Grenzzollämter der OFD Nürnberg (Nordbayern) - Stand 1.1.96

| Jahr | Wert |
|------|------|
| 1980 | 133.050 |
| 1989 | 314.000 |
| 1990 | 369.833 |
| 1991 | 590.225 |
| 1992 | 820.780 |
| 1993 | 927.530 |
| 1994 | 1.074.642 |
| 1995 | 1.102.971 |

Fig.10 Verkehrsentwicklung Zollamt Furth im Wald-
Schafberg // Development of traffic at customs post
Furth i. W. - Schafsberg

ZA Furth i. W. - Schafberg
Verkehrsentwicklung

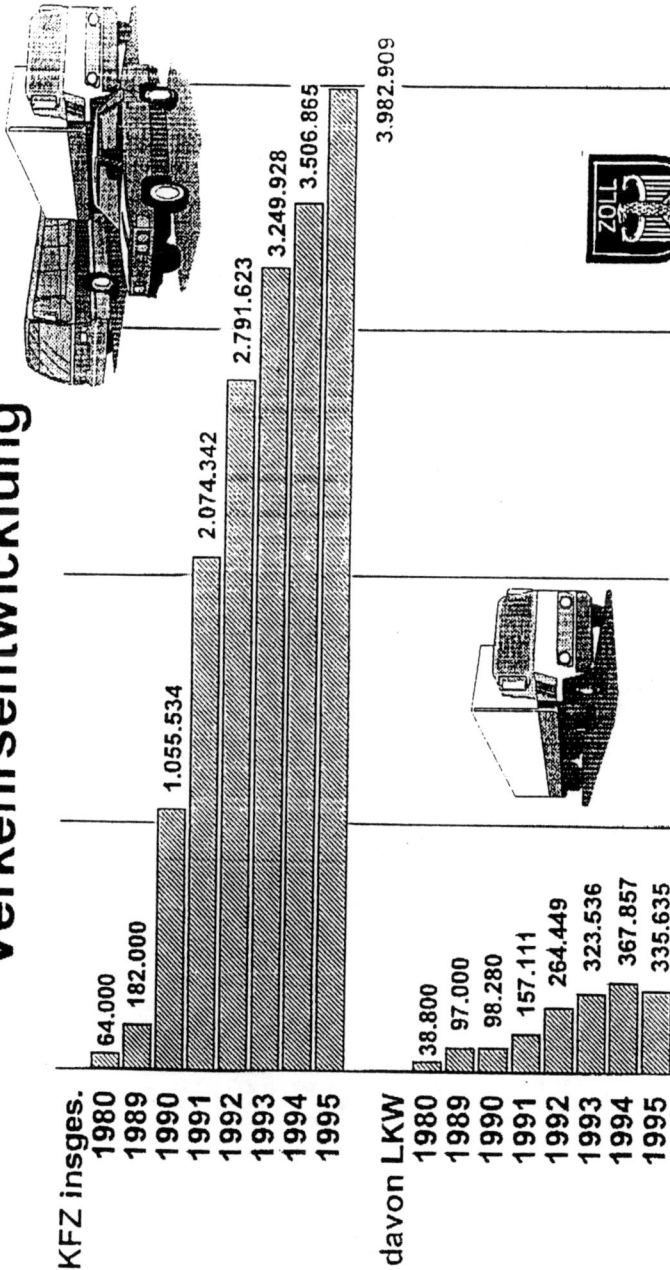

OFD Nürnberg

KFZ insges.
1980 64.000
1989 182.000
1990 1.055.534
1991 2.074.342
1992 2.791.623
1993 3.249.928
1994 3.506.865
1995 3.982.909

davon LKW
1980 38.800
1989 97.000
1990 98.280
1991 157.111
1992 264.449
1993 323.536
1994 367.857
1995 335.635

Fig.11        Verkehrsentwicklung Zollamt Waidhaus //
              Development of cross-border traffic at Waidhaus

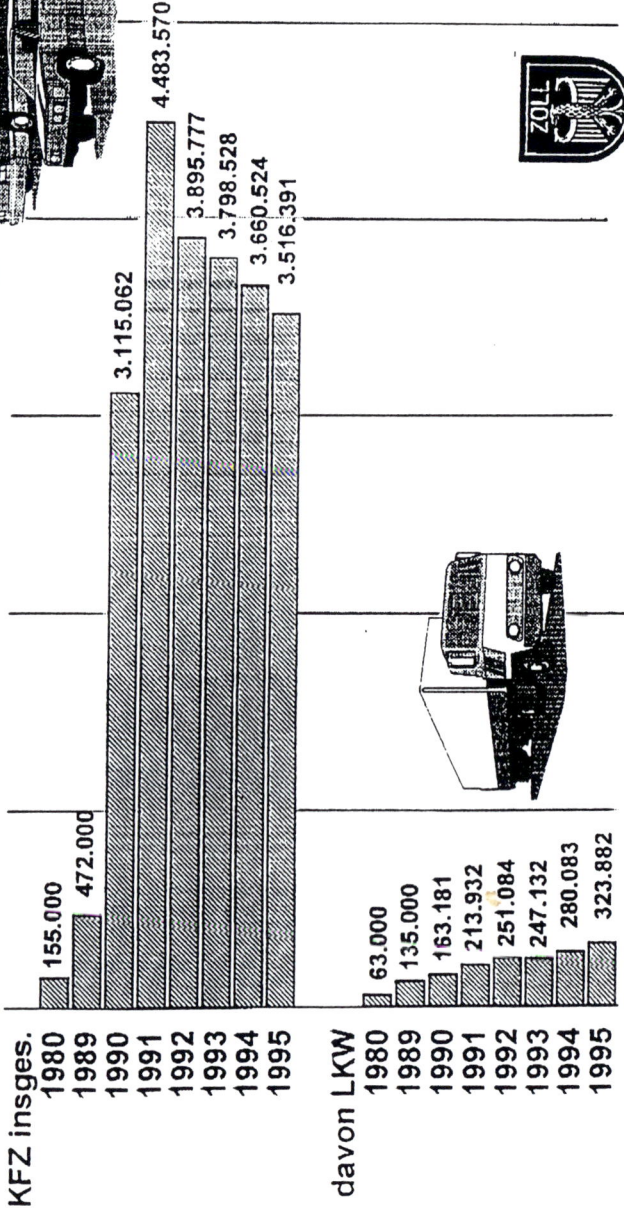

## ZA Waidhaus
### Verkehrsentwicklung

OFD Nürnberg

| KFZ insges. | |
|---|---|
| 1980 | 155.000 |
| 1989 | 472.000 |
| 1990 | 3.115.062 |
| 1991 | 4.483.570 |
| 1992 | 3.895.777 |
| 1993 | 3.798.528 |
| 1994 | 3.660.524 |
| 1995 | 3.516.391 |

| davon LKW | |
|---|---|
| 1980 | 63.000 |
| 1989 | 135.000 |
| 1990 | 163.181 |
| 1991 | 213.932 |
| 1992 | 251.084 |
| 1993 | 247.132 |
| 1994 | 280.083 |
| 1995 | 323.882 |

Fig.12     Rauschgiftaufgriffe 1991 bis 1995 im
           Hauptzollamtsbezirk Weiden //
           Drug seizures within the Weiden customs area

| 1991 | 1992 | 1993 | 1994 | 1995 |
|------|------|------|------|------|
| 796,900 kg | 355,442 kg | 230,882 kg | 108,560 kg | 54,891 kg |

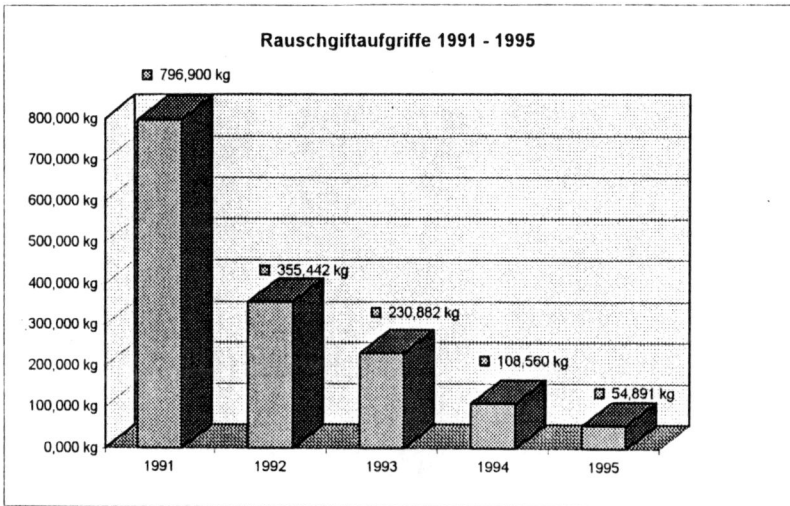

Rauschgiftaufgriffe 1991 - 1995

Fig.13      Zigarettenaufgriffe 1991 bis 1995 im HZA-Bezirk
            Weiden // Cigarette seizures in Weiden customs area

| 1991 | 1992 | 1993 | 1994 | 1995 |
|------|------|------|------|------|
| 2.477.625 | 8.359.258 | 11.019.560 | 13.394.243 | 10.849.872 |

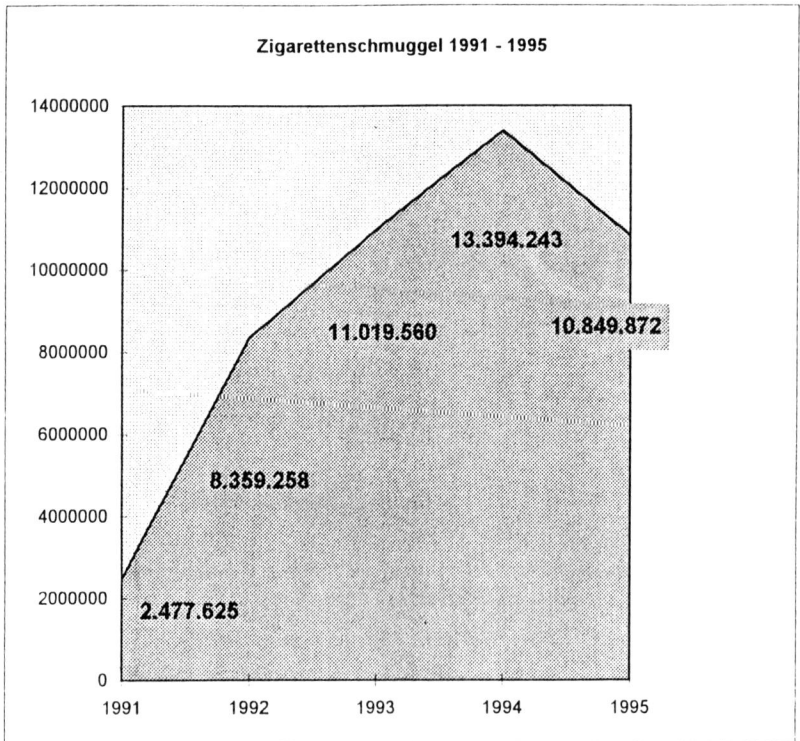

Zigarettenschmuggel 1991 - 1995

# Die Perspektiven der Erweiterung der EU um die mittel- und osteuropäischen Länder (MOEL)

### Heinz Koehler

## I. Ausgangslage

Was die Osterweiterung der Europäischen Union angeht, ist die Frage des "ob" vom Grundsatz her nicht mehr umstritten. Es geht eigentlich nur noch um das "wie", "wann" und gegebenenfalls "wer" - so jedenfalls der französische Premierminister Juppé.

Das "ob" erfährt allerdings unterschiedliche Betonung, wie auch das "wann" und "wie". So war zum Beispiel Großbritannien das erste Land, das vehement für eine Osterweiterung eintrat. Zu den engagierten Befürwortern einer Osterweiterung zählte von Anbeginn an auch Deutschland - währenddessen die Mittelmeerländer einschließlich Frankreichs der Osterweiterung keine Priorität einräumen. Befürworter einer Osterweiterung sind auch die Skandinavier und Österreich.

Während Deutschland bei der Erweiterung die Visegrad-Staaten (Polen, Tschechien, Slowakei und Ungarn) primär im Auge hat, sind die Skandinavier vor allem am Baltikum (Estland, Lettland, Litauen) interessiert.

Bei den Mittelmeeranrainern wird die Osterweiterung mit einer kohärenten Mittelmeerpolitik verbunden, mit dem Ziel einer Mittelmeerpartnerschaft. Diese Forderung zeigte sich vor allem während der französischen und spanischen Präsidentschaft im Jahr 1995, die ihren Höhepunkt in der Mittelmeerkonferenz im November 1995 in Barcelona hatte.

Die Verbindung zwischen Osterweiterung und Mittelmeerpolitik gipfelte in der Diskussion um die Verteilung der Mittel für die gemeinschaftliche Außen- und Sicherheitspolitik: wieviele Mittel fließen nach Osteuropa, und wieviel in den Mittelmeerraum und nach Nordafrika? So wurde auf dem Gipfel in Cannes im Juli 1995 folgende Vereinbarung getroffen: Von 1995 bis 1999 fließen in die mittel- und osteuropäischen Staaten 6,693 Milliarden ECU und in den Mittelmeerraum 4,685 Milliarden ECU.

Dies ist ein wichtiger Zusammenhang, der gerade aus deutscher Sicht gesehen werden muß; ganz abgesehen davon, daß vor einer Osterweiterung Malta und Zypern Mitglieder werden sollen, was allerdings schon im Prinzip beschlossen ist.

Auch beim "wie" gibt es durchaus unterschiedliche Interessenlagen. So will Großbritannien die Erweiterung ohne jeglichen Vorbehalt, das heißt: auch ohne Vertiefung in Form institutioneller Reformen. Großbritannien sieht sogar in der Erweiterung die Chance, die bestehenden supra-nationalen Elemente in der EU zugunsten der intergouvernmentalen abzubauen (durch Ablehnung der Mehrheits-abstimmung in weiten Bereichen).

Unterschiedliche Nuancen gibt es auch zwischen den Organen der EU:

• Das Europäische Parlament steht sehr stark für eine Vertiefung als Voraussetzung der Erweiterung.
• Die Kommission sieht dies ähnlich.
• Der Rat ist diffus, aber zumindest verbal für eine entsprechende Vertiefung.

Relativ unklar ist das "wer". Der französische Premierminister Juppé hat sich dazu nicht geäußert. Zunächst maßgebend ist der Artikel 237, der besagt, daß jeder europäische Staat, der sich zu den Prinzipien Demokratie, Menschenwürde, Marktwirtschaft bekennt, Mitglied werden kann, allerdings innerhalb gewisser Grenzen (z.b. muß es für die Staaten der ehemaligen UdSSR vertragl;iche Sonderregelungen geben).

Im Augenblick stehen folgende Länder für eine Erweiterung an:

• einmal die beschlossene Zusage an Malta und Zypern; Beginn der Beitrittsverhandlungen ein halbes Jahr nach Abschluß der Regierungskonferenz (Maastricht II).
• Ähnliches gilt (beginn der Beitrittsverhandlungen allgemein formuliert) zwischenzeitlich für die zehn mittel- und osteuropäischen Länder (6+3+1 = Polen, Tschechien, Slowakei, Ungarn, Rumänien, Bulgarien; Estland, Lettland, Litauen; und Slowenien).


## II. Notwendigkeit

Die derzeitige EU ist letzlich das Ergebnis der Erkenntnis des durch die beiden Weltkriege erfolgten Bedeutungsverlustes Europas in der Welt und des damit verbundenen Aufstiegs der USA zu dominanter Macht sowie des Entstehens des sowjetischen Imperiums.

Es wurde Allgemeingut, daß die EU nicht vollendet sein kann, wenn sie sich nur auf Westeuropa bezieht (zumindest seit der Erweiterung um die sechs Gründungsmitglieder hinaus). Aus dieser Logik heraus erfolgte die Süderweiterung wie auch die Erweiterung um die EFTA-Staaten.

Die Süderweiterung war, politisch gesehen, das Ergebnis der Befreiung von den Rechtsdiktaturen; die Osterweiterung ist die Folge der

Befreiung von den Linksdiktaturen. Letztere führt, so ihre politische Begründung, vor allem zu einer Stabilisierung von Mittel- und Osteuropa durch eine Mitgliedschaft in der EU.

Wirtschaftlich gesehen geht es um die Vergrößerung des Marktes (mit den MOEL umfaßt die EU ca.100 Millionen Menschen mehr).

Aber auch kulturelle Gesichtspunkte spielen eine Rolle. Immerhin blickt der Kontinent auf eine über tausendjährige Kulturgeschichte zurück, in der sich der Reichtum Europas aus seinen verschiedenen sich gegenseitig befruchtenden Kulturen entwickelt hat.

## III. Die Entwicklung der Beziehungen der EU zu den MOEL

Bis 1989 gab es keine besonderen Kontakte der EU zum RGW (Rat für gegenseitige Wirtschaftshilfe), sieht man einmal von den Sonderbeziehungen der Bundesrepublik zur DDR ab. Es hat lange gedauert, bis die UdSSR die EU anerkannt hat und auch offiziell Kontakte knüpfte. (Die EWG war für die UdSSR die wirtschaftliche Ergänzung zur Nato, so daß sie von ihr als Bedrohung angesehen wurde).

Ab 1990 gab es verschiedene Handels- und Kooperationsabkommen und zugleich die Einführung von Unterstützungsprogrammen:

* PHARE - ursprünglich nur für Polen und Ungarn, heute für fast alle MOEL ausschließlich der GUS-Staaten.
* TACIS - für die GUS-Staaten.

Kommissionspräsident Delors hat persönlich sehr frühzeitig für eine offensive Ostpolitik gekämpft. Der entscheidende Schritt erfolgte mit den Assoziierungsabkommen in Form sogenannter "Europaabkommen", die ab 1991 verhandelt wurden.

Demgegenüber waren Rat und Kommission offiziell hinsichtlich einer Mitgliedschaft für die MOEL sehr zurückhaltend. Dies zeigte sich auch in der Auseinandersetzung um die Aufnahme einer "Beitrittsklausel" ähnlich wie sie im türkischen Assoziierungsabkommen enthalten ist. Das Europäische Parlament dagegen war aufgeschlossener hierfür. (Ich selbst habe im Europäischen Parlament durch einen angenommenen Änderungsantrag wie auch durch eine Rede für die Aufnahme einer solchen "Beitrittsklausel" geworben.)

Als Ergebnis dieses Prozesses bestehen heute für alle zehn MOEL Europa-abkommen, wenngleich noch nicht alle ratifiziert sind. Bei diesen Abkommen handelt es sich um sogenannte "gemischte Abkommen", d.h. es werden sowohl Kompetenzbereiche geregelt, die in die Zuständigkeit der EU fallen als auch solche, die in den Bereich der Nationalstaaten fallen, so daß sie sowohl von der EU als auch von den einzelnen Nationalstaaten ratifiziert werden müssen. Es sind asymetrische Abkommen, d.h. sie begünstigen die MOEL vorrangig. Sie laufen auf zehn Jahre und sehen in diesem Zeitraum den Zollabbau auf Null vor. Ausgenommen sind nur sensible Bereiche, wie z.b. Agrarbereich, Stahl, Kohle, für die teilweise Quotenregelungen vorgesehen sind.

Der Durchbruch für die Osterweiterung der EU kam beim Regierungsgipfel in Kopenhagen im Juni 1993, an dem die grundsätzliche Erweiterungsbereitschaft nach Mittel- und Osteuropa bekundet wurde. In Essen, bei einem weiteren Gipfel im Dezember 1994, fiel der Beschluß für eine Heranführungsstrategie und den Beginn des strukturellen Dialogs. Außerdem wurde die Kommission beauftragt, ein Weißbuch zu erstellen, das im Mai 1995 vorgelegt wurde. In Madrid schließlich, im Dezember 1995, ging es um den Zeitplan. Beitrittsverhandlungen beginnen demnach nach Abschluß der Regierungskonferenz. Es ist aber kein festes Datum genannt, so daß Interpretationsspielraum vorhanden ist.

## IV. Voraussetzungen für eine Mitgliedschaft

Der Gipfel von Kopenhagen beschloß folgende grundsätzlichen Voraussetzungen für eine Mitgliedschaft der MOEL:

Der Europäische Rat hat heute beschlossen, daß die assoziierten mittel- und osteuropäischen Länder, die dies wünschen, Mitglieder der Europäischen Union werden können. Ein Beitritt kann erfolgen, sobald ein assoziiertes Land in der Lage ist, den mit einer Mitgliedschaft verbundenen Verpflichtungen nachzukommen und die erforderlichen wirtschaftlichen und politischen Bedingungen zu erfüllen.

Als Voraussetzung für die Mitgliedschaft muß der Beitrittskandidat eine institutionelle Stabilität als Garantie für demokratische und rechtsstaatliche Ordnung, für die Wahrung der Menschenrechte sowie die Achtung und den Schutz von Minderheiten verwirklicht haben; sie erfordert ferner eine funktionstüchtige Marktwirtschaft sowie die Fähigkeit, dem Wettbewerbsdruck und den Marktkräften innerhalb der Union standzuhalten. Die Mitgliedschaft setzt ferner voraus, daß die einzelnen Beitrittskandidaten die aus einer Mitgliedschaft erwachsenden Verpflichtungen übernehmen und sich auch die Ziele der politischen Union sowie der Wirtschafts- und Währungsunion zu eigen machen können.

Die Fähigkeit der Union, neue Mitglieder aufzunehmen, dabei jedoch die Stoßkraft der europäischen Integration zu erhalten, stellt ebenfalls einen sowohl für die Union als auch für die Beitrittskandidaten wichtigen Aspekt dar.

Es werden also zwei Elemente festgehalten:

- die Ansprüche an die mittel- und osteuropäischen Länder (Beitrittsfähigkeit)
- aber auch gleichzeitig die Ansprüche an die EU selbst (Erweiterungsfähigkeit).

Anträge auf Mitgliedschaft haben gestellt:

| | |
|---|---|
| 31. März '94 | Ungarn |
| 5. April '94 | Polen |
| 22. Juni '95 | Rumänien |
| 27. Juni '95 | Slowakische Republik |
| 27. Oktober '95 | Lettland |
| 28. November '95 | Estland |
| 8. Dezember '95 | Litauen |
| 16. Dezember '95 | Bulgarien |
| 23. Januar '96 | Tschechische Republik |
| 10. Juni '96 | Slowenien |

Die MOEL werden keine allzu großen Schwierigkeiten haben, die "Kopenhagen-Kriterien" zu erfüllen. Zu erwartende Anpassungsprobleme sollten nicht überbewertet werden. Sie müssen allerdings darüber hinaus den "acquis communitaire" (bestehendes EU-Recht) übernehmen (kein "Europa à la carte"); Überbrückungsfristen können das Problem lösen. Eine wichtige Frage wird im Interesse der MOEL die Wettbewerbsfähigkeit auf offenen Märkten sein (vergl. "Deutsche Einheit").

Schwieriger scheint hingegen die Anpassung für die EU selbst. Hier liegen die eigentlichen Barrieren. Hier müssen eine ganze Reihe von Hindernissen überwunden werden, weshalb die zeitliche Perspektive der Osterweiterung eher bei 2000 + X als realistisch erscheint, als noch in diesem Jahrzehnt. Dazu kommt die Notwendigkeit von langen Übergangsfristen.

Und bei alledem sollte nicht vergessen werden, daß zur Erweiterung die Einstimmigkeit im Rat sowie die Zustimmung des Europäischen Parlaments nötig ist - wobei das Parlament traditionell integrationsfreundlicher ist (siehe die Entschließung des EP von 1995, die essentielle institutionelle Verbesserungen zur Voraussetzung der Zustimmung zu einer Erweiterung macht).

# V. Notwendigkeiten für die Erweiterungsfähigkeit der EU

## (1) Institutionelle Veränderungen

Institutionelle Veränderungen, die die Erweiterungsfähigkeit der EU garantieren, sollen auf der am 29. März 1996 in Turin begonnenen Regierungskonferenz beschlossen werden. Die Kommission hat Ende Februar 1996 folgende Vorschläge dazu unterbreitet:

*   das Europäische Parlament soll auf 700 Mitglieder begrenzt werden;
*   im Ministerrat soll die Rolle des Ratsvorsitzenden gestärkt werden und vom halbjährlichen Rhythmus auf eine längere Amtsperiode übergegangen werden;
*   Gewichtung der Stimmen der Mitgliedsstaaten im Ministerrat muß Rücksicht nehmen auf Mehrheit der Mitgliedsstaaten sowie auf die Mehrheit der repräsentierten Bevölkerung;
*   die qualifizierte Mehrheit muß bei 71% bleiben;
*   jedes Land soll nur noch einen Kommissar stellen;
*   die Mehrheitsentscheidung soll in der Kommission als Regel eingeführt werden, wobei eine "besonders qualifizierte Mehrheit" die Einstimmigkeit ersetzen soll (Einstimmigkeit minus eine Stimme);
*   Mehr Flexibilität ja - Maßstab darf aber nicht der langsamste sein. Ausnahmsweise Abweichungen vom Zeitplan (bei der Europäischen Wirtschafts- und Währungsunion sogenannte "geordnete Flexibilität") unter Beibehaltung des gemeinsamen Ziels würden darunterfallen; ein klares Nein aber zu einem "Europa à la carte" (also keine permanenten "opting out"- Klauseln wie im Fall von Großbritannien und der Sozialcharta).

## (2) Agrarpolitik

Hier liegen besondere Schwierigkeiten auf dem Weg zur Erweiterung der EU! So liegen beispielsweise die aktuellen Interventionspreise der EU deutlich über den Marktpreisen der Beitrittsländer (kontraproduktiv, da dies den Prozeß zur Rationalisierung und Wettbewerbsfähigkeit auf dem Weltmarkt verzögern würde).

Im finanziellen Bereich werden zum Teil "Geistersummen" ins Spiel gebracht (Studien sprechen von 20 bis 40 Milliarden ECU). Das Strategiepapier der Kommission für den Madrid-Gipfel im Dezember 1995 setzte folgende Zahlen an:

*   bei Mitgliedschaft von allen 10 MOEL bis zum Jahr 2000: Mehrkosten für die EU im Bereich der Agrarpolitik: 9 Milliarden ECU;
*   bis zum Jahr 2010: 12 Milliarden ECU.

Die Übernahme der EU-Agrarpolitik auf die MOEL würde aber auch zu "Produktionsanreizen" führen, die Konflikte im GATT (WTO) heraufbeschwören.

Eine Reform der Reform der Gemeinsamen Agrarpolitik (GAP) ist notwendig. Dagegen aber haben die bisherigen Mitglieder der EU Widerstand angemeldet. Auch der Reformvorschlag Bayerns ist problematisch, weil nicht mehrheitsfähig.

Was insgesamt geboten erscheint, ist eine umfassende Reform der Agrarpolitik mit weniger Agrarsubventionen. Fest steht, daß es ohne eine grundlegende Reform der EU-Agrarpolitik keine Erweiterung geben kann!

(3) Strukturpolitik

Das Bruttoinlandsprodukt der beitrittswilligen Länder liegt im Durchschnitt unter der Hälfte der EU (durchschnittlich 32%). Nur zum Vergleich: Portugal hatte zum Zeitpunkt seines Beitritts ein Bruttoinlandsprodukt von 50% des EU-Durchschnitts - von den MOEL können derzeit nur Slowenien und die Tschechische Republik ähnliche Ziffern aufweisen. Demgegenüber steht Rumänien mit gerade mal 15,7% des EU-Durchschnitts. Die 10 MOEL umfassen ein Bruttoinlandsprodukt von 4% der 15 EU-Staaten.

Legt man nun die derzeitige Strukturförderung von 23 ECU pro Kopf zu Grunde, so würde dies allein für die vier Visegrad-Staaten sich jährlich auf 20,5 Milliarden ECU hochsummieren. Eine lineare Übertragung der derzeitigen EU-Strukturpolitik auf die MOEL würde einer Verdreifachung der im Zeitraum von 1994-1999 aufgewendeten 140 Milliarden ECU gleichkommen (Kommissar Liikanen).

Eine Reform ist ohnehin notwendig. Die für Regional- und Strukturpolitik zuständige Kommissarin Monika Wulf-Matthies hat in diesem Zusammenhang für eine Schwerpunktbildung plädiert, d.h. eine Rückführung von derzeit 51% Förderfläche auf maximal 35%.

Doch auch hier steht der Besitzstand der bisher aus dem Kohäsionsfond geförderten Länder auf dem Spiel. (Übrigens auch mit Konsequenzen für Deutschland, in den neuen Ländern wie im Rahmen der 5b-Förderung in Bayern).

Als Lösungsansatz bieten sich auch eine erst spätere Einbeziehung der MOEL an, da diese Länder auf Anhieb gar nicht in der Lage wären, die Mittel (bis zu 10% des jeweiligen Bruttoinlandsproduktes!) umzusetzen.

(4) Freizügigkeit

Probleme mit der Freizügigkeit könnten durch großzügig bemessene Übergangsfristen bewältigt werden.

(5) Ergebnis

Die Osterweiterung der EU ist möglich, erfordert aber Übergangsfristen. Eine Erweiterung ist nicht kostenlos zu haben. Trotzdem würde z.B. Deutschland durch die Erweiterung des Wirtschaftsraums profitieren.

## VI. Zeitplan

Es kommen derzeit die oben erwähnten 6+3+1 in Frage, was einem mehr an Einwohnern in der EU von 106 Millionen Einwohnern und einem Plus von 33% der derzeitigen EU-Fläche entspricht. Die Prioritäten sind unterschiedlich gelagert: Deutschland favorisiert die Visegrad-Staaten; Skandinavien plädiert für das Baltikum; Italien hat noch Vorbehalte gegen Slowenien.

Beim Gipfel in Madrid 1995 wurde keine Differenzierung getroffen, sondern der glerichzeitige Beginn der Beitrittsverhandlungen mit allen 10 MOEL anvisiert. Diese "Gleichbehandlung" bedeutet bei unterschiedlichen Strukturen der Kandidaten allerdings eher eine Verlangsamung; daher auch hat sich Bundeskanzler Kohl gegen einen "Gruppenautomatismus" ausgesprochen. Es scheint durchaus möglch, daß Gruppen gebildet werden; hier wird wohl "abgekauft" werden (= "bargaining process").

Die Verhandlungen im Fall von Spanien und Portugal dauerten damals 8 Jahre, und es wurden Übergangsfristen von 10 Jahren vereinbart. Der Prozeß dauerte also insgesamt 18 Jahre.

## VII. Mitgliedschaft

Im Grunde sind alle Staaten Europas außer den GUS-Staaten eingeladen, der EU beizutreten. Die größten Probleme gibt es offensichtlich mit (Ex-) Jugoslawien und Albanien. Hier gilt es, die Entwicklungen abzuwarten. Für die europäischen GUS-Staaten kann es, gemäß dem Konzept der "konzentrischen Kreise", Sonderregelungen geben. Hierfür ist bereits das TACIS-Programm der EU eingerichtet worden.

## VIII. Zusammenfassung

Die Erweiterung ist grundsätzlich beschlossene Sache; die Notwendigkeit der Vertiefung im Prinzip anerkannt. Beides bedingt sich gegenseitig. Die Erweiterung der EU ist die politische Notwendigkeit und historische Chance zur Einigung Europas. Ohne gleichzeitige Vertiefung aber ist die europäische Integration am Ende.

Die Regierungskonferenz entscheidet letztlich: Werden Institutionen der Herausforderung nicht angepaßt, degeneriert die EU zu einer Freihandelszone. Skepsis ist jedoch angebracht, ob die Regierungskonferenz die Kraft zu den notwendigen institutionellen Reformen aufbringt.

Schafft es diese Regierungskonferenz nicht, dann werden bei einer nächsten Konferenz nach der Erweiterung vielleicht schon 27 Staaten mit am Tisch sitzen; 27 Parlamente müßten dann zur Ratifizierung schreiten. Ob dann noch Reformen durchsetzbar sind, scheint mehr als zweifelhaft. Der Weg würde dann wohl zwangsläufig zu einem "Kerneuropa" und damit zu einer neuen Spaltung Europas führen!

In den Bereichen der Struktur- und Agrarpolitik sollen diejenigen, die eh schon einer Osterweiterung eher skeptisch gegenüberstehen (vor allem romanische Mitgliedsstaaten) auch noch Verluste hinnehmen. Kann dies realistischerweise erwartet werden? Jedenfalls kann auf diesem Gebiet eine Erweiterung für die EU und ihre Mitgliedsstaaten teuer werden.

Abschließend bleibt festzuhalten: Die Erweiterung wird kommen - wohl aber kaum die notwendige Vertiefung, die einen Rückschritt in der europäischen Integration bisheriger Prägung verhindern könnte. Dieses Mißverhältnis wird (auch im Kontext der Europäischen Wirtschafts- und Währungsunion) wohl die Idee eines "Kerneuropa" noch beflügeln.

# Völker, Staaten und Grenzen:
# Eine Skizze über kulturelle und rechtliche
# Bedeutung von Souveränität und Territorium

## Erich Wendl

"Der Mensch will beides: das Aufstellen von Grenzen und ihre Überwindung. Aus der Dialektik zwischen beiden entsteht Kultur. Und das ist das Aufregende." [18]

Die Anregung zu diesem Aufsatz entspringt einem Symposium, das im März 1996 in bayerischen Tutzing gemeinsam vom Europazentrum Tübingen und der Universität Edinburgh veranstaltet wurde. Davor schon - in der Beschäftigung mit europäischer Politik - besonders anläßlich eines Vortrags zur österreichischen Sicht des Ungarn-Aufstandes 1956 kreisten Gedanken um das Phänomen "Grenze".

Die Aufforderung von Eberhard Bort, in Fortsetzung des Tutzinger Symposiums Gedanken zur Grenze schriftlich zu formulieren, ist schließlich die Initialzündung für diesen Beitrag, der sich selbst nicht als wissenschaftlich im strengsten Sinn des Wortes versteht.

Der Artikel will nicht mehr, als Gedanken zum Thema Grenze zu sammeln und, wenn es gelingen sollte, sie ein wenig zu ordnen.

Die Erfahrung, daß alle Dinge einen Anfang und ein Ende haben, ist eine gemeinsame Erfahrung der Menschheit. Endlichkeit, Beschränktheit und Begrenztheit bestehen im Bewußtsein aller Menschen.

Dem in moderner Staatlichkeit Sozialisierten bedeuten Grenzen heute in erster Linie die räumliche und geographische Bestimmung des staatlichen Territoriums. Ein psychologisch-anthropologischer Exkurs trägt dazu bei, die Fragen und Probleme, die sich mit der Auflösung des Nationalstaates in Europa ergeben, in einem anderen Licht besser zu erkennen.

Jeder Mensch zeigt, daß er zu einer Gruppe gehört, sei es, durch Frisur, durch Körperbemalung, durch Kleidung, durch Verhalten. Damit zeigt er zweierlei, daß er nämlich zu einer anderen Gruppe nicht gehört, und daß andere nicht zu seiner Gruppe gehören. Einer Gruppe zugehörig zu sein, ist Ziel und Ursache des vielgenannten "Wir-Gefühls", erzeugt aber gleichzeitig auch "Ihr-Nicht"-Gefühle. Einerseits entsteht Einschluß, andererseits entsteht Ausschluß. Grenzen dieser Art haben eine soziale Funktion, sie sind an bestimmte Personen gebunden, oder an Gruppen von Personen, die damit Unterscheidungen markieren.

Die politische Organisation einer Gruppe braucht, ganz allgemein gesprochen, mehr als die an Personen festgemachten Grenzzeichen. Sie

---

18    Roland Girtler, *Randkulturen*, Wien-Köln-Weimar 1995, Seite 161.

muß Souveränität ausüben, und dadurch ihren Anspruch auf Herrschaft über ein bestimmtes Areal deutlich zu machen, eine andere Form der Limitierung, des Einschließens einiger und des gleichzeitigen Ausschließens der (meisten) anderen wählen. Die politische Organisation, die Souveränität ausüben will, braucht die Definition des Territoriums, innerhalb dessen sie die politische Eigenbestimmung verwirklichen, also souverän handeln kann. Die sozialen Grenzzeichen werden durch die territorialen ergänzt, welche schließlich die sozialen Distinktionen an Bedeutung übertreffen. Es besteht also kein Anspruch an Eigentum an diesem Gebiet, sondern der Anspruch auf Selbstbestimmung und Selbstentscheidung innerhalb des beschriebenen Areals, und der Ausschluß von Einfluß und Entscheidungsbefugnis von außerhalb.

Letztlich bestimmt diese Grenze den Bereich von Einfluß und Wirkung jener Instanzen, die jene Normen und Regeln der Selbstbestimmung und Selbstentscheidung erläßt, kontrolliert und schließlich auch sanktionieren darf - jene Begriffe also, die mit dem Begriff des Herrschens verbunden sind.

Grenzen sind also jene territorialen Bestimmungen, innerhalb deren Herrschaft gegeben ist, außerhalb derer entweder keine oder eine andere Herrschaft existiert. Es spielt dabei keine Rolle, ob außerhalb tatsächlich Herrschaft vorhanden ist. Eine Begründung, daß die Regeln und Sanktionen außerhalb auf Willkür, Unordnung und Chaos beruhen, reicht allemal.

Diese einfache Skizze einer Theorie vom Staat läßt bereits ein sehr wesentliches Element der geographisch beschreibbaren Grenze erkennen: die Überwindung von kulturell, ethnisch und sozial bestimmbaren Distinktionen. Um politisch wirksam zu werden, ist ein Gebiet wichtig, in dem Regeln festzusetzen und durchzusetzen sind. Eine soziale oder ethnische Abgrenzung ist zweitrangig. Dem Herrscher (den Herrschern), kann die ethnische Zusammensetzung der Beherrschten in der Ausübung der Staatsgewalt letztlich gleichgültig sein.

Der Grenzbegriff des modernen Europa hat seine Wurzeln wohl im Verständnis eines christlichen Gebietes, das von "Ungläubigen" (die also in Willkür, Unordnung, ja sogar Chaos leben) berannt und gefährdet wird. Unterstützt wird diese Anschauung durch die Vorstellung, Erbe einer langen Tradition zu sein, die mit der Christianisierung des Römischen Reiches begonnen hat und die nun fortgesetzt wird. Tatsächlich waren frühe Versuche, die eigenen Errungenschaften vor Eroberern zu schützen, seit alters her bekannt. Die Gog- und Magog Mythen, die durch arabische Überlieferung nach Europa kamen, trugen dazu bei. Dem Mythos zufolge hätte Alexander der Große die Raubtiervölker Gog und Magog hinter einer eisernen Mauer in einem Tal des Kaukasus eingeschlossen, wo sie am Ende der Zeiten hervorbrechen würden. Was lag näher, als die Überfälle der Reitervölker aus dem Osten mit diesen Endschlacht-Prophezeihungen gleichzusetzen. Das waren im Altertum die Skythen, Parther, später die

Hunnen, die Madjaren, die Sarazenen, Tartaren und schließlich die Türken und Chasaren. Für vorderasiatische südosteuropäische Staaten kamen die Gog und Magog aus dem Norden; etwa die Kiever Rus nach Byzanz. Furcht, die aus real erfahrener Bedrohung entstanden ist, wird verbunden mit archaischen Schrecken und findet schließlich eine mythologische und eschatologische Erklärung.

Letztlich kennt die bäuerliche Tradition die Endlichkeit des urbaren Landes, die unbebauten Zonen der Wälder und Sümpfe (das althochdeutsche "marka", das lateinische "margo" - auch heute "marginalisieren" wir wieder, das nordische mörk = Wald), die "Marken" als Landschaftstyp. Sie sind auch als Ort des Unheimlichen, der Geister und Kobolde, der menschlichen Außenseiter, die auf der anderen Seite der Grenze leben.

Werte entstehen. Der Außenseiter wird, organisiert in anderen Verbänden lebend, zum "Ausländer", zu jemandem, der außerhalb des Landes lebt, das die Grenze definiert. Innerhalb dieses Kreises ist Inland, außerhalb ist Ausland. Eine Unterscheidung, die alle anderen gleich macht: alle sind Ausländer, die nicht innerhalb des Gebietes ansässig sind, das von der Grenze umschlossen wird. Es entsteht die Universalität des Auslandes.

Diese Gebiete gehören gesichert. "Mark"- Grafschaften entstehen. Grenzen werden zur Trennlinie zwischen der Ordnung und dem Chaos, zwischen dem Territorium des Rechts und des Unrechts. Grenzen dieser Art sind selbst noch Gebiete, Areale, Kordons zwischen "Uns" und den "Anderen". Mit wachsender Bevölkerungszahl werden die Kordons schmäler: Grenzlinien werden notwendig, Grenzziehungen. Die "Marken" werden "markiert": Grenzsteine werden gesetzt.

Konflikte um Herrschaft werden zu Auseinandersetzungen um Territorien. "Besetzen" und "besitzen" - im Sinne der Souveränität und nicht des Eigentums - werden militärische und politische Kategorien. Gleichzeitig wird das versetzen von Grenzmarkierungen ein ernster Verstoß gegen eine gemeinsame Ordnung, der drastische Sanktionen nach sich zieht. Die territoriale Grenze ist, ihrer Definition nach, auf ewig unveränderlich.

Damit wird Grenze aber auch langsam selbst zu einer politischen und darber hinaus kulturellen Kategorie. Grenzen sind Berührungslinien und Kontaktzonen, die ein Überschreiten, ein Übergreifen gleichzeitig verhindern und ermöglichen sollen.

Immer wieder wird diese Grenze durchlöchert, durchstoßen, "noch mehr aber: *umspielt* von bestimmten 'marginalen Institutionen'."[19] An der Grenze entstehen ganz bestimmte Strukturen von Neu-Gestaltung und

---

19    Wilhelm Emil Mühlmann, *Rassen, Ethnien, Kulturen*, Neuwied und Berlin 1964, Seite 277.

Neu-Differenzierungen. Mühlmann beschreibt diese "Zwischenphäno-mene" als "limitische Strukturen".[20]

Der Grenzkordon entsteht aus dem Bestreben der staatlichen Macht, ihre Grenze gegen die Eindringlinge zu schützen. Der Kordon setzt sich gerade aus "Grenzgängern" zusammen. Es gibt die "Flucht" vor der staatlichen Macht über die Grenze hinweg, genauso aber die Wanderung in das Grenzgebiet hinein. Besiegte im Kriege, Gefangene, Flüchtlinge, Überläufer siedeln im Bereich der Grenze und werden zu ihrer Sicherung eingesetzt. So entstehen neue, quasi-kulturell-ethnische Einheiten: die Ukraine, die Kraina zwischen dem habsburgischen Österreich-Ungarn und der europäischen Türkei. In Rußland wurde eine ethnische Gruppe, die Kasachen, namensgebend für eine gesamte Kategorie: die Kosaken. Die deutlichste Heranbildung eines Kordons in jüngerer Zeit ist die habsburgische Militärgrenze im Westbalkan, deren kulturelles - und nicht staatliches oder tatsächliches - Bestehen Gegenstand bis in die Gegenwart reichender militärischer Konflikte ist. Erst vor kurzem, im August 1995, war die Kraina wieder Kriegsgebiet.

Der Kordon wird nominell von "Markgrafen" im Auftrag der Zentralmacht geführt, hat also feudalen Charakter. Sie aktivierten im heterogenen Umfeld der Grenze jene persönlichen Schutz- und Treue-beziehungen, die uns als "feudal" geläufig sind. Modern ausgedrückt, errichtet die zentrale Macht ein Modell der indirekten Herrschaft an ihren äußeren geographischen Rändern, die Teile der militärisch und politisch-kulturell wirksamen Bedrohungen von außen absorbiert, ja selbst zu einem Teil des Schutzes macht. Der Adel, der so entsteht, begegnet einer Invasion durch die Barbaren viel wirksamer - und überdauert oft sogar mehrere.

Jüngere politische Erscheinungen sind etwa die Verhältnisse an der afghanisch-pakistanischen Grenze, wo nach den großen Strömen von Flüchtlingen in der Folge der Besetzung Afghanistans durch die Rote Armee sich eine Herrschaft von "war-lords" herausgebildet hat, die mit expliziter oder stillschweigender Duldung der pakistanischen Regierung, aber auch der USA (!) ihre feudalen Beziehungen errichteten und aus-bauten. Sie fühlten sich selbstverständlich als die Herrscher des Landes nach dem Rückzug des gemeinsamen Feindes.[21]

An der österreichisch-ungarischen Grenze entwickelte sich während des Ungarn-Aufstandes eine zeitweilige Beziehung zwischen Bewohnern von Siedlungen an der Grenze, die dem an und für sich ernsten

---

20    Mühlmann, a.a.O.
21    Diese Strategie wird den Reichen der Reiterkrieger zugeschrieben, den Mongolen des Dschingis-Khan etwa, auch den Chinesen an der Großen Mauer. Die moderne Variante hätte sie demnach in den "Streitwagen-Strukturen" der sowjetischen Panzerarmeen des 2. Weltkrieges, deren Ergebnis ein "Grenzkordon" des ehemaligen Warschauer Paktes war.

Hintergrund widersprachen und spontanen volksfestartigen Charakter
annahmen. Diese Beziehungen wurden erst eingestellt, nachdem die
Propaganda davor warnte, daß nicht näher bezeichnete "Freiheitskämpfer" über Österreich nach Ungarn einzusickern drohten:

"Der 27. Oktober 1956 brachte nämlich den Auftakt zu einer Reihe von
unglaublichen, teilweise skurrilen, unerwarteten Ereignissen, die so unvorher-
sehbar waren, daß sie von österreichischer Seite nur fassungslos registriert
werden konnten. Die Ungarn kamen!
     Gegen 13 Uhr überschritt eine Gruppe von etwa 600 bis 800 Ungarn bei
Szentgotthárd     die     Staatsgrenze,     darunter     Militär,     Zollbeamte     und
Sicherheitspolizei. An der Grenze überreichten sie den Gendarmen eine rot-weiß-
grüne Farbe und erklärten ihren Aufmarsch als Freundschaftskundgebung
gegenüber dem österreichischen Volk. Dann zogen sie weiter bis zur Ortschaft
Mogersdorf, bereits in intensiven Gesprächen mit österreichischer Zivil-
bevölkerung vertieft. Schließlich werden sie bis zum Abend überredet, wieder
nach Ungarn zurückzukehren. 15 Personen suchten um politisches Asyl an. Eine
Massenflucht hatte also (noch) nicht eingesetzt.
     In den nächsten Stunden und Tagen mehrten sich die kuriosen
Situationen entlang der Grenze. Da sich Österreich genötigt sah, eine Sperrzone
im Grenzbereich einzurichten, waren sicherlich zeitweise mehr Ungarn als
Österreicher in diesem Gebiet. Manchmal sah es so aus, als ob die Grenze nicht
mehr existierte. Am 29. Oktober besuchten rund 3.000 Menschen aus Ungarn die
Siedlung Rattersdorf. An der Spitze standen die Bürgermeister von Grenz-
gemeinden in Ungarn, sie hatten ihre Fahnen und ihre Musik mitgebracht und
feierten Verbrüderung mit den Österreichern!
     In der Gemeinde Lutzmannsburg besichtigten 200 Ungarn die Kirche und
nahmen an der Messe teil.
     Die Sorgfalt bewegte sich von der Grenze weg. Ganz "vorne" begann man
ab dem 28. Oktober, den Grenzverlauf mit rot-weiß-roten Fähnchen zu
markieren. Dahinter nahm man die Sperrzone ernst. Nachdem Hinweise aufge-
taucht waren, daß nicht näher bezeichnete Freiheitskämpfer ungarischer
Herkunft über Österreich nach Ungarn einreisen wollten, eine absolut
notwendige Maßnahme.[22]

Bei einem Vortrag an der Europäischen Akademie Wien im Frühjahr 1991
berichtete der ungarische Germanist und damalige Staatssekretär beim
Ministerpräsidenten Ungarns, Karoly Manherz vom Verhältnis der
deutschsprachigen Minderheit in Westungarn zu ihren österreichischen
Nachbarn: "Für die Leute war es natürlich, daß im Weingarten die
Weinstöcke bearbeiteten und zu ihren burgenländischen oder nieder-
österreichischen Nachbarn hinüberriefen: 'Grüß Gott, wie geht es dir, was
gibt es bei Euch Neues?' Das konnte man  auch in der schlimmsten Zeit
des Eisernen Vorhanges erleben...und es waren tatsächlich wirtschaftliche

---

[22]    Zitiert nach einem Vortrag des Verfassers bei einem Symposium zur
        ungarischen Revolution im April 1995 am Sozialwissenschaftlichen
        Forschungsinstitut Otzenhausen/Deutschland
        Quelle: Manfried Rauchensteiner, *Spätherbst 1956: Die Neutralität auf
        dem Prüfstand*, Wien 1981.

und politische Bindungen vorhanden, trotzdem 'die gesellschaftliche Ordnung eine andere war."[23]

Welche Schlüsse lassen sich aus diesen Beispielen ziehen, wenn man sie in bezug zu dem weiter oben betrachteten anthropologischen Ansatz stellt?

Es scheint doch richtig zu sein, daß Grenzen eine gestaltende Kraft herausfordern können, im weitesten Sinne von Kultur. In der heutigen politischen Landschaft Europas verdanken einige Staaten ihre Existenz ihrem gegenwärtigen oder früheren Grenzdasein, etwa Österreich oder die Ukraine. Ganze Regionen tragen Namen wie "Krain", "Kraina" oder ähnliches.

Es scheint richtig zu sein, daß Grenzen und der Begriff der Herrschaft zusammenhängen, in der Folge daraus der Begriff des Staates, auch und besonders in den gegenwärtigen staatsrechtlichen Theorien, die "Staatsvolk", "Staatsgebiet" und "Staatsgewalt" in ihrer Einheit als begriffliche Grundlage des Staates versteht. Interessant dabei ist, daß Herrschaft und Staat sich keineswegs auf kulturelle oder ethnische Wurzeln begründen, ja es dem Inhaber von Staatsgewalt sogar egal ist, über wen - ethnisch gesehen - er seine Herrschaft ausübt. Staaten und ihre Grenzen entstehen erst dann, wenn Abgrenzungen sozialer und kultureller Art keine Rolle mehr spielen, wenn sich Gebiete gleichsam von den persönlichen Merkmalen und Distinktionen emanzipieren können.

Staat und Grenze sind eng mit dem Begriff der Souveränität verbunden. Grenzen markieren das geographische Ende des einen souverän Herrschenden und/oder den Beginn eines anderen, der als Souverän fungiert.

Anders gesagt: der Übergang von feudalen Herrschaftssystemen zur Volkssouveränität mußte zunächst die Frage nach der Beschreibung und Bestimmung des "Staatsvolkes" stellen und schuf aus Mangel an anderen Antworten der Theorie den Nationalstaat, der die Fiktion der "ethnisch" begründeten Nation später zum Axiom erhob. Innerhalb der Nation wäre also Einheitlichkeit gegeben, was nicht zur Nation gehört, wird, auch innerhalb des Staates, ausgegrenzt, es entstehen die Mehrheiten und Minderheiten.

Ein sich als national verstandenes Zusammengehörigkeitsgefühl bildet sich "im Rückgriff auf vielfältige Quellen ohne sich in einzelnen von ihnen zu erschöpfen: Sprache, Kultur, Religion, Tradition, Sitte und Brauchtum, historisches Bewußtsein oder auch politisch geteilte Ziele und

---

23    Karoly Manherz, ' Bildungsarbeit in Österreich und Ungarn', Vortrag anläßlich eines Symposiums der Europäischen Akademie Wien, 2.-4. Mai 1991. Seminarveröffentlichung der Europäischen Akademie Wien.

Aufgaben. Irrationale Momente wie Schicksalsbewußtsein, Gefühl oder Wille tragen zur Entfaltung des Nationalbewußtseins bei."[24]

Weiter an der gleichen Stelle: "Der Nationalismus als moderne Form kollektiver Identität antwortet mithin auf die Auflösung traditioneller Bindungen einer agrarisch geprägten Gesellschaft und auf die soziale Desintegration als Folge ökonomischer Modernisierung." Nationalismus wird eine Bewegung im gesamten Europa. Er wird auch verstanden als Wiederherstellung einer Ordnung, einer durch Feudalismus und katholischen Universalismus unterbrochenen Entwicklung. Das frühe 19. Jahrhundert ist der Zeitraum der Entstehung von Nationalgeschichten, der Festlegung von nationalen (Hoch-) Sprachen und der Errichtung nationaler Denkmäler. Die italienische Version trägt in der Bezeichnung "Risorgimento" diese Idee der Revitalisierung.

In Deutschland erfolgt die frühe Festlegung des ideologischen Nationalismus durch Persönlichkeiten wie Fichte, Arndt und Jahn.

Nach der Bismarckschen Reichsgründung erfährt er eine deutliche Verschärfung durch die Verbindung mit Forderungen nach territorialen Ein- und Abgrenzungen: Nationalismus überhöht den Wert der eigenen Nation, verbindet sich mit dem Gedanken des Staates als Machtinstrument, durch dessen Anspruch die Freiheit des Bürgers an den vom Staat gesetzten (Handlungs-)Grenzen. Fragen nach eigenem Willen, eigener oder gar divergierender politischer Absichten, bleiben zugunsten eines als höher eingeschätzten Rechts ohne Beachtung: "Wer darf, angesichts dieser unserer Pflicht, den Frieden der Welt zu sichern, noch den Einwand erheben, daß die Elsässer und Lothringer nicht zu uns gehören wollen?" fragt der Historiker Heinrich von Treitschke im Jahr 1870. "Vor der heiligen Notwendigkeit dieser großen Tage wird die Lehre von dem Selbstbestimmungsrecht aller deutschen Stämme, die lockende Losung vaterlandsloser Demagogen, jämmerlich zuschanden. Diese Lande sind unser nach dem Recht des Schwertes, und wir wollen über sie verfügen kraft eines höheren Rechts, kraft des Rechtes der deutschen Nation, die ihren verlorenen Söhnen nicht gestatten kann, sich für immer vom deutschen Reiche zu entfremden."[25]

So deutlich kann man die Forderung nach Einheit von Staat und Nation formulieren.

Köhler/Klein folgern, daß der integrale Nationalismus an ein rational nicht ausgewiesenes Gemeinschaftsgefühl apelliert, das in

---

[24]   Gerhard Köhler/Ansgar Klein, 'Politische Theorien des 19. Jahrhunderts' in: Hans Joachim Lieber (Hrsg.), *Politische Theorien von der Antike bis zur Gegenwart*, Bonn 1993, Seite 612.

[25]   Das Zitat ist a.a.O., Seite 631 wiedergegeben; unter Berufung auf folgende Quelle: Heinrich von Treitschke, 'Heraus mit dem alten Raube, heraus mit Elsaß und Lothringen!', Preußische Jahrbücher, Herbst 1870.

prekären historischen Situation als Aggression nach außen (und Säuberungen nach innen) umschlagen kann.[26]

Es ist - nur um Mißverständnisse zu vermeiden - dieser Nationalismus nicht auf Deutschland beschränkt. Bewegungen wie die "Action française" des Charles Maurras, die "Navy League" Großbritanniens, die Bewegungen der "Italia irredenta" mit Organisationen wie "Società Dante Alighieri", die "Lega Navale" und die "Associazione Nazionalista Italiana". Enrico Corradini und Gabriele di Annunzio sind damit verbundene Namen.

Der hier "integrativ" genannte Nationalismus ist damit zu einer politischen Kraft geworden, die Anspruch auf Herrschaft, auf Souveränität in einem bestimmten Gebiet erhebt. Gleichzeitig gibt er der ethnischen Distinktion die Priorität vor der territorialen, geht also hinter die vor-staatlichen Formen der Abgrenzungen zurück. Die im ethnischen begründete Nation versteht sich auch als territoriale, politisch wirksame Kraft. Das "Wir-Gefühl" bekommt eine geographisch meßbare Dimension!

Von jetzt an wird die Trennung, auch die Trennschärfe der Begriffe Volk, Nation und Staat aufgegeben. Das Volk ist die - ethnische - Nation, die Nation ist auf der anderen Seite das Staatsvolk, das den Staat bildet. Der territoriale Flächenstaat ist zum Nationalstaat geworden.

Am Ende des "Siedlungsgebietes" ist die Grenze zur anderen Nation, auf der anderen Seite ist nicht der andere Rechtsraum, sondern dort wohnen die ethnisch anderen. Die Staatsgrenze wird eine ethnische Grenze. Der ethnisch begründete Staat benötigt zu seinem Selbstverständnis aber auch die Grenze im Inneren, er muß "ausgrenzen", er schafft "ethnische Minderheiten", die sich vom "Mehrheitsvolk" zumindest quantitativ unterscheiden. In der radikalsten, auch biologistisch begründeten Ausbildung wird "ethnisch reines" Siedlungsgebiet auch durch Gewalt geschaffen: die "ethnischen Säuberungen" schaffen bestenfalls ein eng "begrenztes", als "geschlossen" bezeichnetes Siedlungsgebiet für die Minderheiten, schlimmstenfalls enden sie mit der physischen Vernichtung der "ethnisch" oder "rassisch" anderen.

Damit ist es endgültig gelungen, "Demos" durch "Ethnos" zu ersetzen. Der Staat, der auf dem Volk, dem Demos beruht, erhält im Ausgleich ein Ethnos zur Grundlage. Innerhalb des Ethnos kann dieser Staat durchaus nicht egalitär sein, er braucht die Bestätigung, das Bekenntnis zum eigenen Rassen- oder Volkstum seiner Mitbürger.

Es ist erstaunlich, daß die Theorie auch die genau gegenteilige Meinung anbietet, und zwar in etwa zur gleichen Zeit. Besonders österreichische Denk- und Rechtsschulen entwickeln entsprechende Ansätze, die heute, auch in der Diskussion um den staatlichen oder nicht-staatlichen Charakter der EU, als "klassisch" bekannt geworden sind.

---

26    Köhler/Klein, a.a.O., S. 634.

Ausgangspunkt ist auch hier das Problem des "Wesens" des Staates, also die Frage, was einen Staat ausmacht, Fragen also nach der Verfaßtheit staatlich organisierter Gesellschaften. Jellineks Entdeckung der "Kompetenz-Kompetenz" gibt der Diskussion eine andere Richtung. Staat ist nicht nur Verfassung, also die Regelung des Zusammenwirkens der Institutionen, sondern die Institution, die den Institutionen ihre Aufgaben zuweist. Der Staat wird wieder zum Rechtsraum, seine Säulen sind rechtlich beschrieben. Staatsvolk ist nicht ein durch einen besonderen politischen Willen individualisiertes Volk, sondern nichts anderes als eine Anzahl in einem Gebiet seßhafter Menschen. Staatsvolk und Bevölkerung werden synonym. "Die Einheit des Staates ist deshalb nicht vorgegeben, sondern aufgegeben."[27] Nach dieser Auffassung ist die einheitsstiftende Kraft der Rechtsordnung das wesentliche Element. Griller/Müller zitieren hier die von ihnen klassisch genannte Formulierung von Kelsen:

> Es ist im Grunde ein juristischer Tatbestand, der sich als Volkseinheit einigermaßen präzise umschreiben läßt: Die Einheit der das Verhalten der normunterworfenen Menschen regelnden staatlichen Rechtsordnung. In ihr konstituiert sich - als Inhalt der die Ordnung bildenden Rechtsnormen - die Einheit der Vielheit menschlicher Handlungen, die das 'Volk' als Element des Staates, als einer spezifischen sozialen Ordnung, darstellt. Als solche Einheit ist das 'Volk' gar nicht - wie die naive Vorstellung meint - ein Konglomerat gleichsam von Menschen, sondern nur ein System von einzelmenschlichen Akten, die durch die staatliche Rechtsordnung bestimmt sind.[28]

Die Folgerung daraus ist an gleicher Stelle zu finden: "Wo eine Verfassung, da ein Volk, wo eine Verfassung mit Kompetenz-Kompetenz, da ein Staat."

Grenze wird dadurch wieder zur Abgrenzung des rechtlichen Raumes, der sich selbstverständlich territorial manifestiert: Auf der anderen Seite der Grenze ist ein anderer Rechtsraum, daher auch ein anderes 'Volk', das sich wieder nur als ein anderer "juristischer Tatbestand" darstellt. Aber Grenzen sind nicht nur Grenzen zwischen Völkern als juristischer Tatbestand. An den Grenzen entscheiden sich Zuständigkeiten, Kompetenzen, bzw. die Zuständigkeit, diese Kompetenzen zu regeln. Souveränität ist also unbehinderte Ausübung der Kompetenz-Kompetenz. Die Grenze trennt Zuständigkeiten!

Herrschen, Souveränität, ist dadurch eine Sache der Kompetenz geworden.

Letztlich ist es diese Auffassung, die es ermöglicht, über die Ausweitung der Souveränität nachzudenken, wie es die Gründerväter der Europäischen Union konzipiert haben. Auf der rechtlichen Definition von

[27]   Stefan Griller/Barbara Müller, *Demokratie- Grundrechts- und Institutionenreform in der EU*, in *Europa 1996: Mitbestimmen, Menschenrechte und mehr Demokratie*, Wien 1995, Seite 33.

[28]   a.a.O., Seite 34-35.

Staat, also der Einheit von Staatsvolk, Staatsgewalt und Staatsgebiet, ist eine teilweise oder vollständige Vereinigung von Souveränitäten zumindest vorstellbar. Politisch hat Europa den gangbaren Weg der funktionellen Annäherung gewählt. "Pooled sovereignty" ist zunächst auf wenige Gebiete beschränkt, den erhofften Erfolg des "Integrationsprozesses" meint man als Auftrag zur Integration weiterer Politikfelder zu verstehen. Gerade der politische Einigungsprozeß in Europa hat zu einer Beschäftigung mit den Grenzen geführt. Das westliche Europa nach dem zweiten Weltkrieg hat verschiedene Modelle zur Überwindung oder doch zumindest zur Milderung der Grenzen erprobt. Im Mittelpunkt standen dabei der freie Handel, der Grenzen und die dort ausgeübten Kontrollen und eingehobenen Gebühren als Hindernis verstand und der zur Entfaltung und Entwicklung den Frieden braucht. Der Friede wiederum ist gesichert durch die gemeinschaftliche Ausübung von Kompetenzen, die durch rechtliche Rahmenbedingungen geregelt werden.

Ein zweiter Weg war die grenzüberschreitende Zusammenarbeit substaatlicher Einheiten, der nicht nur im Rahmen der Europäischen Union, sonder auch davor und außerhalb beschrieben wurden. Begriffe wie "Euregio", "Saar-Lor-Lux", "Alpe-Adria" und ähnliches haben dazu beigetragen, daß Grenzen in Europa heute in ihrer Bedeutung gemildert werden.

Regionalismus ist wahrscheinlich eine wesentliche Antwort auf die Frage der Identitäten, die sich durch die Integration, aber auch durch die Auflösung politischer Bindungen im ehemaligen Osteuropa stellen. Wenn weiter oben festgestellt wurde, daß der Nationalismus "mithin auf die Auflösung traditioneller Bindungen" antwortet, gilt das auch für einige der Staaten und Regionen im früheren kommunistischen Herrschaftsbereich. Heute wie damals scheint der Nationalismus die Angst vor Identitätsverlust zu besiegen, heute wie damals wird die Gleichsetzung von Ethnos, Staat und Territorium betrieben, heute wie damals bleiben die erfolgreichen, auf Dauer angelegten Antworten aus. Ethnische Abgrenzung führt zum Konflikt nach außen und zur Säuberung im Inneren.

An den Grenzen der existierenden Staaten entstehen immer mehr und immer öfter jene Kooperationen der grenznahen Regionen, die die Fragen der Identitäten zu beantworten scheinen. Die Fragen der kulturellen Kooperation, der gemeinsamen Erfahrung an der Trennlinie, die Gemeinsamkeit der Probleme führt zu gemeinsamen politischen Lösungsvoschlägen und zu gemeinsamen Strukturen.

Mühlmann hat aus anthropologischer Sicht die "limitischen Strukturen" beschrieben. Die Kooperationen im modernen Europa sind, mit zeitgemäßen Mitteln, nicht anderes. Gemeinsam mit den übergeordneten Kompetenzrahmen der Union sind sie der Weg, der Grenzen aufhebt. Die Union, die einerseits die klassischen Staatselemente, also die Einheit von Staatsvolk, Staatsgebiet und Staatsgewalt am nachhaltigsten aufhebt, ist gerade deswegen davon entfernt, unbesehen diese Elemente zu übernehmen.

Grenzen bestehen weiter, auch in Europa. Regionalismus kann zu föderalistischen Lösungsansätzen führen. Es scheint, daß der moderne Europäer damit nicht nur in kultureller, politischer und Wertepluralität lebt, sondern auch in einer Verschiedenartigkeit von Grenzen: denen des Staates, der Region, der (staatlich) grenzüberschreitenden Region und der Europäischen Union. Strukturen, die diese Grenzen nach Mühlmann umspielen, gewinnen an Bedeutung.

# Abschlußbericht

## Michael Bosch

Die Internationalität der Tagung "Boundaries and Identities: Die Ostgrenzen der Europäischen Union" (8.-10. März 1996, Politische Akademie Tutzing) drückte sich in zwei Aspekten aus: Gemeinsame Veranstalter waren neben dem Europa-Zentrum Tübingen (Baden-Württemberg) die Europäische Akademie Bayern, der Euro-Info-Service Budapest und das International Social Sciences Institute der University of Edinburgh. Zweitens setzte sich die Teilnehmerschaft (27 an der Zahl) aus insgesamt 8 Nationen zusammen: Deutsche, Polen, Tschechen, Österreicher, Ungarn, Briten, Schweizer und Franzosen.

Zu Beginn der Tagung stellten sich die Teilnehmerinnen und Teilnehmer mit ihren Vorstellungen und Erwartungen vor. Es bestand eine glückliche Mischung aus Vertretern von Stabstellen aus den jeweiligen nationalen Hauptstädten und Zentren und von Praktikern aus den Bereichen der Grenzpolizei und des Zolls.

Prof. Malcolm Anderson führte in die Tagung mit einem Vortrag über seine langjährigen Forschungen an der Universität Edinburgh über "Boundaries and Identities" in englischer Sprache ein. Er verwies dabei auf das interessante Phänomen, daß, nachdem früher Grenzregionen eher Zonen der Abgrenzung und der nationalen Emotionalisierung waren, diese heute eher Scharnierfunktion gewinnen. Er erläuterte dies auch am Beispiel weltweiter Grenzziehungen, vor allem in Nord- und Südamerika. Am Abend des Eröffnungstages sprach der Botschafter der Tschechischen Republik bei der Bundesregierung, Herr Jiri Grusa, über das Thema "Kultur der Grenze". Er tat dies ganz bewußt vor dem Hintergrund seiner Erfahrungen im Zusammenhang mit der "Charta 77" und seines Selbstverständnisses als Schriftsteller und Intellektueller. Er ging dabei vornehmlich auf psychologische und philosophische Aspekte der Grenze ein und verwies dabei auf deren Janusgesicht, das darin besteht, daß sie einmal schützen soll vor dem Nachbarn, daß sie zweitens in die Lage versetzen soll, eine eigene nationale Identität auszubilden, und daß sie gleichzeitig aber auch überwunden werden muß im Interesse der Verständigung, des kulturellen und des wirtschaftlichen Austausches zum Wohle der Menschen auf beiden Seiten der Grenze. Die aktuellen deutsch-tschechischen Probleme sprach Herr Grusa nur im Rahmen der Diskussion und nur kurz an. Er bewegte sich dabei ganz bewußt auf der Linie seines Staatspräsidenten Vaclav Havel und leugnete sein Unbehagen angesichts des Benes-Dekrets und der Ereignisse im Gefolge des Kriegsendes nicht. Er verwies allerdings darauf, daß eine dauerhafte Friedenssicherung in Mitteleuropa nur möglich sei, wenn ein deutlicher Schlußstrich gezogen werde und es nicht - vor allem durch materielle Forderungen - zu permanenten Verunsicherungen der Bevölkerung komme. Außerdem machte er deutlich, daß eine Vermischung von Tätern und Opfern sowohl moralisch wie rechtlich nicht statthaft sei.

Am Samstagvormittag war das Thema "Die Arbeit der Euregio". In die Thematik wurde eingeführt durch einen ausführlichen Vortrag - und die sich daran anschließende Diskussion - von Dr Hans J Briner aus Basel, dem langjährigen Generalsekretär der Regio Basiliensis. Sein ganzes Denken und seine ganze Argumentation ist von der Überwindung der Grenze bestimmt. Dabei möchte er diese allerdings nicht auflösen, sondern braucht ebenfalls (in diesem Fall ganz dezidiert als Schweizer) die eigene, geschützte Region. Er sieht die Nachkriegsentwicklung mit ihrem Lernprozeß vornehmlich in diesen Grenzregionen, wie sie Europa kennzeichnen. Heute seien diese zu Kerngebieten europäischer Gemeinsamkeiten und Entwicklung geworden. Gerade aus der Grenze heraus, von ihrer Bevölkerung her, seien frühere Abschottungen überwunden worden, sei die Grenze immer durchlässiger geworden, weil eben die beiderseitigen Grenzbevölkerungen eine besondere Sensibilität für die Kosten der Abgrenzung im Laufe der Geschichte am eigenen Leibe erfahren und entsprechend reflektiert haben. Er plädierte deshalb auch dafür, daß die Bevölkerung und die Behörden der Grenzregionen das Gesetz des Handelns soweit irgend möglich selbst in die Hand nehmen. Die föderalistischen, auf Selbstverwaltung beruhenden Regionen der Schweiz und Deutschlands bieten hier, so Briner, bessere Ansatzpunkte als zum Beispiel zentralistische Strukturen wie die Frankreichs. So sei durch grenzüberschreitende, unmittelbare Abstimmung zwischen den Betroffenen bereits am Oberrheingraben sehr viel erreicht worden und könne zur Nachahmung auch an anderen Grenzen, wie zum Beispiel denen Deutschlands bzw. der EU gegenüber Polen und Tschechien nur empfohlen werden. Dr. Horst Heberlein unterstützte diese These aus seiner Sicht der Regio Egrensis. Von polnischer Seite (Dr. Edward Wasiewicz) wurde demgegenüber stärker betont, daß die Befindlichkeite der Mittel- und Osteuropäischen Staaten nicht zu vergessen seien. So habe sich Polen in den letzten sechs Jahren wiedergefunden und gerade erst wieder eine souveräne, selbstbewußte Staatsnation ausgebildet. Deren Fortbestand sei selbstverständlich nicht in Frage zu stellen.

Am Samstagnachmittag ging es um "Probleme von Polizei und Zoll an der Grenze zwischen den Staaten der EU und ihren Nachbarn im Osten". In Kurzreferaten stellten dabei die Vertreter der Polizei und des Zolls von der deutsch-polnischen, der deutsch-tschechischen und der österreichisch-ungarischen Grenze ihre Beobachtungen, Erfahrungen und Problemeinschätzungen dar. Aus deutscher Sicht sprachen je ein Vertreter des Zolls (Regierungsdirektor Johann Bauer vom Hauptzollamt Weiden) und der bayerischen Grenzpolizei (Polizeioberrat und Grenzbeauftragter Franz Kaupper von der Grenzpolizeiinspektion Furth im Wald). Offensichtlich gibt es an der deutsch-tschechischen Grenze

keine grundsätzlichen Probleme mehr, nachdem es auch hier vor Ort
direkte Kontakte zwischen den deutschen und tschechischen Grenz-
organen gibt. Technische Neuerungen der schnellen Datenerfassung und
-übertragung erleichtern diese Arbeit, wie der Direktor der Auslands- und
Grenzpolizei aus Pilsen, Ivo Schwarz, und Dr. Milos Mrkvica, der Leiter
der Migrationsabteilung der Auslands- und Grenzpolizei Prag, bestätigend
ausführten. Die neu eingerichtete Grenze mit umfangreichen Kontrollen
zwischen Tschechien und der Slowakei wurden als entlastend zitiert;
ebenso wurde das Asylgesetz in seiner Veränderung von 1993 positiv
eingeschätzt.

Zunehmende Schwierigkeiten bestehen vornehmlich mit dem orga-
nisierten Menschenschmuggel. Ebenso betonte die polnische Grenzpolizei
(Oberst Jerzy Piwowarski, Leiter des Grenzschutzes am Grenzübergang
Olszyna/Forst, und Marian Kalek, der Leiter dieses Grenzübergangs) vornehmlich technische Möglichkeiten und Probleme. Sie rechnen aber in
absehbarer Zeit im Hinblick auf den Ausbau von Brücken und zusätz-
lichen Fahrstreifen auf beiden Seiten der Grenze mit greifbaren Fort-
schritten, was sich auch positiv auf die Wartezeiten an der Grenze
auswirken werde. Schwierigkeiten haben die Polen verständlicherweise
mit dem deutschen Ansinnen, für EU-Bürger eine eigene Fahrspur
einzurichten. Die Ungarn (Mária Horváth von der ungarischen Zollverwaltung und György Szelezsán vom ungarischen Grenzzollamt, sowie
Dr. Tibor Szanyi vom Euro-Info Service, Budapest) wiederum betonten vor
allem Sicherheitsaspekte. Allgemein haben sie mit der Identitäts-
problematik keine Schwierigkeiten, sondern sehen (fast) alles unter
technischen und ökonomischen Gesichtspunkten - selbst an den
problematischeren Grenzen zur Ukraine, zu Rumänien und zur Slowakei.

Der Sonntagvormittag wurde zunächst durch ein Rundgespräch
über "Neue Visionen in der Europapolitik" eröffnet. Dabei betonte in
einem Kurzreferat Dr. Erich Wendl aus Wien die neuen Möglichkeiten
und Herausforderungen der Grenze. Durch den österreichischen Beitritt
zur EU ist Österreich nun Außengrenze der EU, was zu zunehmenden
Befremdlichkeiten von Seiten der einreisenden Ost- und Mitteleuropäer -
vor allem aus Ungarn - geführt habe. Er plädierte auch deshalb für die
möglichst schnelle Erweiterung der EU nach Osten. In der Diskussion
mischten sich in der Folge dann die Aspekte der Sicherheit (NATO-
Erweiterung) mit denen des EU-Beitritts und der Rolle der Grenze für
Menschen und Güter.

Diese Sicht wurde konsequent im Vortrag von Landrat a.D., Dr.
Heinz Köhler MdL aus Hof forgesetzt. Sein Thema, "Vertiefung versus
Erweiterung: Die Perspektiven der Regierungskonferenz" erweiß sich als
geeigneter Abschluß der Veranstaltung. Die Aspirationen, aber auch die
Schwierigkeiten, der Völker Mittel- und Osteuropas in ihrer Hinwendung
nach Westeuropa wurden deutlich herausgearbeitet, wie auch die
Notwendigkeit interner Reform für die EU. Dabei gebe es unter den

Völkern im Osten Europas eine deutliche Trennungslinie: Die Polen betonten mehr Aspekte nationaler Identität und deren Sicherung, während Tschechen und, mehr noch, die Ungarn so schnell wie möglich beitreten wollten und hier offensichtlich auch keine grundlegenden Probleme mit der Integration sehen. Grundsätzlich habe sich aber wieder bestätigt, daß alle östlichen Nachbarn der EU für einen möglichst raschen Beitritt eintreten, und dabei wohl weniger Probeleme haben werden als die EU selbst mit notwendigen internen Reformen.

Die Diskussionsbereitschaft der Teilnehmerinnen und Teilnehmer war erfreulich groß; die einleitenden Referate wurden als sinnvolle Anstöße und Informationsvorgaben empfunden. Die Grenze, so könnte man zusammenfassend schließen, wird zunehmend als durchlässig betrachtet. Vornehmlich für die Polen, etwas weniger für die Tschechen, bietet sie aber auch einen gewissen und als notwendig erachteten Schutz vor einer allzuschnellen Vereinnahmung ihrer jungen Republiken.

Eine Forsetzungsveranstaltung ist in Jahresfrist geplant.

Appendix

# Summaries in English

## Eberhard Bort

Jiri Grusa
In Praise of Borders:
Some Thoughts on the Culture of the Frontier (Summary)

*Hranice* - the Czech word for border, comes from *hrana*, the edge - something you can fall from, or something that will help you to anchor at. In that last sense, the border is to be praised. One could say: in the beginning was the border, or, going before that, in the beginning was the borderless. Personal identity can not be conceived without borders. Nothing can be more dangerous than the borderless. The question is how to cross borders and still feel at home, how to interact and connect without smothering one another, how to cross borders in a human way, avoiding the inhuman: war?

To praise the border means knowing the limits of borders. Living in the *global village*, where news become gossip, the most important border is under threat of being undermined: the border of individuality.

Borders can be seen as dykes. The case in point is East-Central Europe, linking up with old political-cultural networks, after the collapse of communism. Thinking in this area is still dominated by two ways: pre-national and national. The post-national form of thinking is missing. The collapse of communism revealed the oldest borders in East-Central Europe: the religious frontiers. Danger of the vacuum left by the changes of 1989/90: an inbetween-Europe would also mean an inbetween-Russia - not having given up the old, and not yet embracing the new. The old being the allures of late-coming; the new encompassing transparency.

Soviet socialism, in the Czech analysis, was not a failed experiment, good in intention, badly executed; it was a bad concept, most efficiently realised. In the Czech Republic, the post-communist era was marked by the influence and decision-making of dissidents, not reform-communists. And the Czech Republic has not offered post-communists a refuge.

The nationalist and the socialist systems were the two constructivist prospects of the 20th century, founded on the belief in the improvability of the human being, to be manufactured on the assembly lines of the respective humanity. The collapse of national socialism should have discredited the first; socialist planning ended in poverty and chaos. And as long as the centre lacks transparency, new states will be formed.

On the whole, East Central Europe has been stable - but only just about. On its own, it could tend towards negation instead of action; it must not remain a permanent "intermezzo". Integretated into western security it could react in a more complex way.

Asking the Russian question is asking the question of stabilty. Association and cooperation are of the essence. Yet there is still the belief in the steerability of instability. Three axioms are forwarded in support of this:

-   granting of a space of controlled interests, basically the old Jalta block (minus the GDR). The claim not to want to establish new frontiers veils the fact that it means the old frontier;
-   emphasising the process, i.e. assuring that the tide of history will eventually satisfy the aspirations of East-Central Europe and bring them into the Union;
-   believing that the intransparent in the East serves transparent power interests, and in doing so becomes more transparent.

But stability now is flexibilty; independence means dependency. One can only found dependent states nowadays. Dependency in turn means adaptability, and adaptability means opening up.

No super-logos is at work any more.

The western orientation of Poland is the most complex and the most positive chance and prospect - it will enhance transparency, for both Ukrainians and Russians. It will bind Czechs and Slovaks into Europe, point Hungary towards Europe.

The times are changing because time itself is changing. It is ticking away but has no alarm clock.

Let's wake ourselves up.

We have the choice.

Hans Briner
### Regio Basiliensis as a Model:
### Europe of the Regions - the Perspective for the 21st Century


The European future belongs to the regions. In the 21st century, there will be only a "Europe of the Regions" - modelled on the Swiss federal principle. Nations will not vanish but will be reduced in their importance.

The Regio Basiliensis, the border region on the Upper Rhine where Switzerland, France and Germany meet, is a possible model for such a future, united Europe. Here, where 2.1 million people live, solutions are being worked out which point out ways for cross-border collaboration along the former dividing line between western and eastern Europe as well as for the democratic structuring of a united Europe in the next century.

The Regio has proved to be more than just a planner's vision, it is a rich cultural region, developed over centuries. Often, the Rhine has been made into a separating border; yet for the people it has always been the uniting geographical feature of their region. Frontiers created three fringe borderlands. But the frontiers in their restrictions also forced their transcendence. Since the foundation of the Regio Basiliensis this latter goal has been in the foreground.

The Regio Basiliensis early on decided to treat the region as a unit of Basel and the communities of the Swiss, French and German borderlands as well as the businesses in the region. The main areas of activity were defined as:
- the establishment of contacts;
- regional planning;
- addressing social and cultural questions;
- economic and business issues;
- political and inter-state issues;
- the observation of developments within the movement towards European integration.

The 'Working Group Regio Basiliensis' was formed on 25 February 1963 - two months before Switzerland joined the Council of Europe. The costs of running the Regio (then 100,000 Swiss Francs, now 1.2 million annually) are shared by regional business (60 per cent) and the cantons of Basel-Stadt and Basel Landschaft (together 40 per cent).

From the start, the Regio was governed by the idea that Europe cannot be built solely from the top, through governments and bureaucracies; it must be built from the ground, from the grassroots, the citizens and the regions. In this context it is important to see the interaction and interdependency of culture and economy: without business no culture, and vice versa.

Then, in 1963, these ideas were a reaction against the establishment, explaining to them that developments would be different from what they envisaged. Concepts of regional rail transport were developed, rergional planning was championed, and new regional ways of energy planning in the region was forwarded. But at the time of booming economies there was little inclination by the establishments to change their views. It was only the oil price shock of 1973 and the vicious debate about nuclear power stations - Kaiseraugst and Whyl in particular - which brought about a change and reorientation within ruling bureaucracies. They moved closer to the regional thinking of the Regio - in environmental policies, energy planning and cooperation across national frontiers.

The Regio Basiliensis has shown that transcending frontiers is a way forward in Europe. The summit which brought together President Mitterand, Chancellor Kohl and President Delamuraz in Basel on 15 December 1989 sealed this development. In their "Déclaration tripartite rhénane" these heads of state explicitly backed the idea of cross-border regions and cross-border cooperation as a means of building a united Europe. Perhaps this summit has even contributed to point the way for a future development towards a second chamber in Europe, a senate based on the regions - as a cornerstone of a federal "Europe of the Regions".

Despite the sad experience of ex-Yugoslavia, the process of transcending national frontiers through neighbourly cross-border cooperation will continue. The Regio Basiliensis can serve as a model for a democratic and federal "Europe of the Regions".

The process of European integration depends on the regionalisation of that process, not least to counteract the anonymity created by globalising tendencies. Against the backdrop of the Intergovernmental Conference and the necessary strengthening of the principle of subsidiarity, the Regio Basiliensis offers its experience as a contribution towards the great task of integrating the Central and Eastern European states and the building of a united citizens' Europe from the grassroots.

Horst Heberlein
   Euregio Egrensis:
   Cross-Border Cooperation in the German-Czech Borderlands

There is a long tradition of cross-border cooperation between Germany and its neighbours in the European Union, as well as with Switzerland. The fall of the "Iron Curtain" has cleared the way for trans-frontier arrangements in the East. One of the institutionalised cross-border operations is the Euregio Egrensis, comprising communities in Bavaria, the Czech Republic, Saxony and Thuringia, with a population of nearly 2 million. It was officially established on 3 February 1993, as an accord between local authorities, aiming at improving and levelling standards of living in the formerly neglected borderlands.

Links which had existed and developed over centuries had been totally cut off by the "Iron Curtain"; and structural change after the openening of the frontier has reinforced the problem of unemployment in the region. Transport and infrastructure deficits, environmental problems and an economy marked by monocultures are targeted as the main areas of activity:
-      business and transport;
-      cultural cooperation;
-      tourism;
-      environmental protection.

Concrete first steps were taken to organise language courses, to develop a common museum region, to preserve the traditional village-based landscape, to provide environmental councelling, to clean up the river Eger which straddles the border, and to facilitate cooperation between the glass and china manufacturing industries on both sides of the border.

Authority to develope these cooperative activities lay and lies with the local authorities, town and borough councils. By German law, this local 'foreign policy' is well within the framework of the constitution but must of course   be subject to national foreign policy.

If agreements beyond that, for instance establishing cross-border bodies with executive functions, with legal consequences in the public domain, are aimed at, then the basis must be international, inter-governmental agreements. Such do exist in the case of German-Dutch and German-French-Swiss cross-border cooperation. But German-Czech cooperation also is embedded in the Treaty of Good Neighbourhood between (then) Czechoslovakia and Germany of 1992, and is supported and coordinated by the state governments of Bavaria and Saxony. The latter's constitution explicitly favours regional cross-border cooperation as a means of furthering European integration and a peaceful development in the world.

The Euregio Egrensis is also firmly grounded in the European Union's programmes of cross-border cooperation, particularly INTERREG II, and thus contributes towards European integration from the grassroots - with a perspective of becoming, in the foreseeable future, a cross-border region within the European Union

Mária Horváth
The Frontiers of Hungary - as seen from the Hungarian Customs
Administration


There are 5,000 uniformed and civilian Hungarian customs officers, working in 97 customs offices of which 45 are situated at the Hungarian borders.

Hungary is a core transit country. In 1995, 112 million persons and 3.5 million lorries crossed the Hungarian frontiers. Hungary now has common borders with 7 states (against the pre-1989 five) A key-border is the Austrian-Hungarian frontier, historically speaking as well as in view of Schengen, since Austria joined the EU on 1 January 1995.

Hungary tries to cope with the dynamic growth of cross-border traffic since 1989 by concentrating on the moderisation of existing border posts, and the installation of new checkpoints, particularly in order to cut down on the long waiting times. New terminals, new and additional lanes, new personnel - all these are tied up with high costs for the Hungarian taxpayer. But there has been progress. So-called "crisis group" meetings with Ukrainian and Romanian colleagues, for instance, have resulted in smoother procedures at those border posts.

As early as 1988, Hungary sought contacts with the EU; it was the first country to sign association contracts, culminating in the Europe-Treaty of 1 Februar 1994, which created the framework for political dialogue, aimed at the establishment of a free-trade zone between Hungary and the EU and cooperation in the fields of economy, finance, culture, etc.

One of the major goals since the Treaty has been to adjust Hungarian customs policy to EU practice, a further step towards full EU-membership.

80 per cent of cross-border traffic is conducted on roads; and 70 per cent take place within the range of 10-12 border posts.

There are 9 border crossings with Slovakia; a new motorway checkpoint is under negotiation. Only one major border-crossing with the Ukraine creates a bottleneck, particularly for goods traffic, as all CIS consumer customs in the eastern direction are handled here. The diversion of tourist traffic to smaller crossings has brought some relief. There are 3 border crossings with Romania. Two smaller crossings have recently been opened. There is the problem of seasonal Turkish migrant workers, but creating the possibility of putting their cars on a car-train near Hegyeshalom has helped to ease the situation. The two crossings to Serbia have become busy again, after the UN-embargo against Serbia was lifted last year. A new crossing at Tompa, suitable for lorries, has meant some progress in securing an uninhibited flow of goods. There is only one border crossing for lorries towards Slovenia, at Rédics, although cross-border trade has developed most dynamically at this border. 5 crossings exist at the Croatian border, but 4 of them are for persons only. A new motorway crossing at Letenye is in its planning stages.

The border with Austria, 359 km long, has 11 road-crossings, 6 rail-crossings, and one provisional checkpoint for shipping on the Danube.

Common customs posts with Austria were agreed on even before Austria's accession to the EU. At Hegyeshalom-Nickelsdorf the first motorway checkpoint has been installed, and initial problems with extra lanes for EU citizens have been solved. Attractive small border crossings in natural heritage areas which were formerly only bilaterally usable, are now open for EU citizens.

Partly thanks to funding through the Phare-Programme of the EU, there will soon be 3 new border crossings with Romania, 2 with the Ukraine, and one each with Slovenia and Slovakia.

Since 1 April 1996, the new EU-conform Hungarian customs law has been operative, a further step towards the realisation of the Hungarian hope that the eastern frontier of the EU will in future move eastward.

Heinz Koehler
## The Perspectives of EU-Enlargement:
## The Accession of Central East-European States (CEES)

According to the French Prime Minister Juppé, the question is no longer 'if' in the case of eastern enlargement of the EU, but one of 'how', 'when' and perhaps 'who'. But different members have different preferences: Britain and Germany have, from the start, been staunch supporters of eastern enlargement; less enthusiasm has been noticable in the mediterranian member states (including France). Germany clearly favours the Visegrad states (Poland, Czech Republic, Slovakia, Hungary); Scandinavia backs the claims of the Baltic states (Estonia, Latvia, Lithuania). Mediterranean states link eastern enlargement to the development of a coherent mediterranean policy of the EU, aiming at a mediterranean partnership, as highlighted at the Barcelona conference of November 1995. This is reflected in the deal about allocation of EU funding: From 1995 to 1999, 6.698 billion ECUs will be directed towards CEES; 4.685 billion ECUs towards the mediterranean.

Britain wants enlargement without internal reform of EU institutions, it even sees a chance in the enlargement procerss to reduce supranational aspects of EU in favour of intergovernmental arrangements and structures. The European Parliament, in contrast, is strongly advocating a deepening of integrational reform as a precondition to enlargement; the Commission has a similar stance; the Council is not quite so pronounced.

The rationale behind enlargement is historical: the EU as having been conceived in reaction to the loss of influence and importance of Europe after two world wars and the concomittant rise to power by the USA and the Soviet Union. Community was seen as incomplete if it only embraced the west. Accordingly, southern enlargement happened in response to the liberation there from right-wing dictatorships. Consequently, the liberation from communist dictatorships in the east will now lead to enlargement and completion of the European Union eastwards.

Economically speaking, the chance is to enlarge the market by 106 million customers; EU territory would be increased by 33 per cent. But cultural factors also play their role in over a thousand years of common continental history.

There were hardly any contacts between the EU and the COMECON states prior to 1989 - apart from the special trade relationship between the Federal Republic of Germany and the German Democratic Republic. Since 1990, trading cooperation and association agreements have been negotiated with CEES, and EU-funding has been made available for them: PHARE for CEES, TACIS for CIS. All ten CEES have signed Europe Treaties (although not all are ratified yet), setting out the goal of reducing customs to nil within ten years (except for sensitive areas such as agriculture, coal and steel).

The Copenhagen summit of June 1993 brought the first breakthrough, when the general willingness to receive new members from the CEEC was expressed, Essen in December 1994 marked the start of a structured political dialogue, and Madrid, one year later, spelled out the time schedule for enlargement. Accordingly, negotiations will start after the end of the Intergovernmental Conference. But as no precice date has been given, some flexibility remains.

Conditions for accession include institutional stability of the applicant, stable democracy, respect for human rights, a functioning market economy strong enough to compete in the common market, the commitment to all duties involved in becoming an EU member, and support for the Union's aims of political union as well as economic and currency union. Finally, the *acquis communitaire* would have to be accepted, i.e. no 'Europe à la carte'.

But there are two elements to enlargement: the ability of the applicant to become a member; and the ability of the EU to receive new members. The latter could prove more difficult which is why a perspective of 2000 + X seems the more realistic one for accession of CEEC, including long transition phases.

The Commission stated its proposals for internal reform in February 1996:
- a maximum of 700 MEPs after enlargement;
- a stronger presidency;
- weighting of votes, towards representing population ratios within the EU;
- the qualified majority must remain at 71 per cent;
- introduction of the principle of one country - one commissioner;
- introduction of majority voting as the rule, with qualified majority replacing unanimous vote in most cases;
-more flexibility, but in pursuit of common goals: no permanent opt-outs, no 'Europe à la carte'.

Enlargement will cause great problems in the field of agicultural policies. Giant sums are ventilated, but even more realistic assumptions of the Commission speak of 10-12 billion ECUs additionally in the case of accession of 10 CEEC between 2000 and 2010. Fundamental reform of Common Agricultural Policy (CAP) is necessary anyway. No enlargement entailing full membership will be possible without those fundamental reforms.

Structural policies are another factor to be reckoned with. The average GDP of the CEEC is only 32 per cent of the EU's. The ten CEEC's GDP taken together only amounts to 4 percent of that of the 15 EU states. Only Slowenia and the Czech Republic have achieved around 50 per cent of the average EU GDP - the figure Portugal produced when it joined. If structural funds were applied on the basis of 23 ECUs per head, this would mean for the Visegrad states alone an additional 20.5 billion ECUs for the EU budget. A linear adoption of structural policies and funding for the CEES would mean trebling the 140 billion ECUs envisaged between 1994 and 1999, according to Commissioner Liikanen. Reform is inevitable. Commissioner Wulf-Mathies, responsible for regional policies, has suggested a reduction in supported areas from 51 per cent of the EU's territory to a maximum of 35 per cent. An additional solving factor could be a prolonged phasing-in of CEEC, as they could not possibly integrate funding of that scale (up to 10 per cent of their GDP) into their immediate economy anyway.

The Madrid summit did not spell out any preferences. Negotiations will start simultaneously. But Chancellor Kohl has already voiced his opposition to a "group automatism", where the slowest would determine the date of saccession for all. It seems well possible, that in a "bargaining process" different groups will be formed with different time schedules of accession. Negotiations with Spain and Portugal took 8 years, and a fade-in phase of 10 years was agreed upon - so that the accession process lasted for a total of18 years.

Without deepening, eastern enlargement will mean the end of European integration. And as internal reform looks unlikely to fully succeed, there is a strong probability of a new European divide, with the establishment of a 'core Europe'.

Erich Wendl
Peoples, States and Frontiers: An Outline of the Cultural and
Legal Meaning of Sovereignty and Territory


Existence of limitations and boundaries is an elementary experience of human beings. Borders demarcate spatial and territorial limits of state territory.

Every human being shows signs of belonging to a group, which also means not belonging to other groups, and that others do not belong to one's own group. Inclusion and exclusion are a social function and mark difference.

The political organisation of a group needs more border signs to delineate exertion of sovereignty, to form the basis for the claim to rule over a certain territory. Social boundary markers are complemented, perhaps even replaced by territorial signs, which delineate the limits of rule. In this outline of state theory, the state is the territory governed by one set of rules.

The genesis of European frontiers derives from the Christian belief of a Christian territory, surrounded and threatened to be overrun by "non-believers". It is supported by the belief in a long tradition stemming from the Christianisation of the Roman Empire. The imported myths of Gog and Magog point in the same direction.

Rural tradition has been well aware of the limits of arable land - the consciousness of the marches has its roots in this experience. Beyond the marches are the outsiders. And outsiders become foreigners. Borders became separating lines between order and chaos, between the territory under the rule of law and the realm of injustice.

Initially, theses borders were border zones; with growing population density the borders shrunk to lines. Conflicts about rule became territorial conflicts; and any infringement of borders became a serious crime.

In this process, borders become political and cultural categories, touchlines and contact zones - both preventing and enabling cross-overs.

Border zones or marches were also defence areas, and central powers tended to install indirect rulers on these geographical fringes. Modern examples include the Afghanistan-Pakistan border with its "war lords", tolerated by the Pakistani government as well as by the USA. During the Hungarian Uprising of 1956, a skurrilous situation emerged at the Austro-Hungarian border, when the border temporarily seemed no longer to exist.

Rule and state seem not to be rooted in culture or ethnicity; it is of no importance to the ruler over whom (ethnically speaking) he rules. States and their borders begin where social and cultural boundaries lose impact; territory emancipates itself, as it were, from personal markers and distinctions.

State and border are closely tied up with sovereignty. The transition from feudal state to popular sovereignty raised the question of who constitutes the state people. In the absence of other responses the theory of the nation state was advanced, which lifted the fiction of the "ethnically" founded nation to axiom status. What does not belong to the nation, does not belong to the state. Along these lines, minorities were created.

National consciousness as collective identity is a reaction to the disintegration following in the wake of economic modernisation. Nationalism thus becomes a movement all over Europe. And towards the end of the century, not only in Germany, this nationalism becomes increasingly aggressive (cf Treitschke on the Alsace question). Ethnic distinction gains priority - people, nation, state are no longer separate(d) terms. The territorial state becomes the nation state; the state border becomes an ethnic border, creating ethnic minorities within those borders. "Demos" is replaced by "Ethnos".

But there is an opposite model within state theory, particularly developed by Austrian political thinkers. Jellinek's paradigm of "competence-competence" sees the state not just as the constitution regulating the institutions, but as the institution which has the authority to give the institutions their part to play. The state, here, is again a legal construct and a legal space. The state's people are just those people who happen to live within the boun-daries of the rule of the state. Borders, thus, again limit legal space - and only in that sense territory, as on the other side of the border there is another legal space. The border separates responsibilities and commitments.

On this basis, pooling of sovereignty - as envisaged by the founders of the European Union - is imaginable. This pooling of sovereignty, together with increasing efforts at cross-border cooperation, has already reduced the separating functions of borders within the European Union.

Regionalism seems the essential answer to questions of identity posed by European integration, but also by disintegration of political organisation in the former eastern Europe, where nationalism seems to be the response to widespread fear of loss of identity, where the unity of ethnos, state and territory seem to be revived. Ethic separation leads to external conflict and internal cleansing.

In conjunction with the supranational framework of competences within the EU, cross-border cooperation is the regional perspective to overcome separating borders. Modern Europeans seem well able to live not only with a plurality of cultural and political values, but also with a plurality of borders - those of the state, of regions, of cross-border regions, and of the European Union.

Michael Bosch
Final Report


"Boundaries and Identities: The Eastern Frontier of the European Union", 8 - 10 March
1996, was an international Conference held at the Political Academy in Tutzing, Bavaria,
co-organised by international partner organisations (European Academy of Bavaria,
Munich; Europa Centre, Tübingen; Euro-Info Service, Budapest; International social
Sciences Institute. University of Edinburgh; and Poltical Academy, Tutzing), with
participants from 8 different nations (Austria, Czech Republic, France, Germany,
Hungary, Poland, Scotland [UK], and Switzerland).

At the beginning of the Conference, the participants introduced themselves and
in short statements expressed their views and expectations of the Conference.

Prof Malcolm Anderson then introduced the theme of the Conference, pointing
out the interesting phenomenon that frontiers, having for a long time functioned as zones
of separation and national emotionalisation, now increasingly gained linking qualities.
He supported this view by drawing on examples from North and South America.

Dr Jiri Grusa, the Czech Ambassador in Germany, took a close look at the psycho-
logical and philosophical aspects of frontiers, building on his own background as a
member of 'Charter 77' and a writer and intellectual. He showed the Janus face of
borders, installed, on the one hand, to protect from neighbours, to enable the creation of a
national identity and, on the other hand, demanding to be transcended, in the interest of
mutual understanding and of cultural and economic exchange. Grusa confirmed the line
of President Havel and did not hide his discomfort about the Benes decrete and the
events following World War II. But he made clear that a lasting peace settlement in
central Europe is only possible if a clear line is drawn, and the population is not perma-
nently disconcerted, particularly by material demands. A blending of victims and culprits
was out of the question, both morally and legally.

Dr Hans J Briner introduced the Regio Basiliensis as a model of the work of
Euregios. Briner's thought and argument is dominated by the regional transcendence of
borders. He sees border regions as the growth areas of the future, with key functions for
development in Europe. As the people in the borderlands know best about the marginali-
sation and the costs of separating borders, these people have been and should be the
agents of European unification. A decentralised, federal model like the Swiss, with auto-
nomous regions, seems better suited for a future united Europe than centralised models.
What has been achieved around the Upper Rhine valley, Briner recommended for other
European border regions, particularly in former eastern Europe.

Dr Horst Heberlein supported this view with his remarks on one of the new
Euroregions along Germany's and the EU's eastern frontier, the Euregio Egrensis.

Dr Edward Wasiewicz of the Polish delegation reminded the Conference that
specific sensitivities of the Central and Eastern European states must be respected.
Poland, for instance, had only recently been reclaimed as a sovereign, self-assured nation
state. Its existence was bot to be questioned.

On Saturday afternoon, problems of the police and customs at the eastern frontier
of the EU were being discussed. All delegations, from the Polish-German border through
the Czech-German and Hungarian-Austrian borders, focussed on the good cooperation
with their counterparts across the frontier. Illegal migration and cross-border crime,
particularly human smuggling, were singled out as the biggest threats and problems.

Dr Heinz Köhler, MdL, in the final presentation on Sunday morning, talked about
EU enlargement in the context of "deepening vs widening" and the Intergovernmental
Conference. Despite distinct differences between the CEES, their common aspiration to
become EU members as soon as possible is beyond doubt. In fact they will perhaps en-
counter fewer problems to substantiate their claim than the EU member states themselves in agreeing on the internal reforms necessary to enable the EU to receive new
members.

The Conference was marked by lively discussions. To conclude, one could say that borders are seen as increasingly permeable. For the Poles, less so for the Czechs and Hungarians, the frontiers are also seen as a protection against an all-too-fast assimilation of their young republics.

# Bibliography

(See also bibliographic notes at the end of Malcolm Anderson's
contribution)

Malcolm Anderson, *Frontiers: Territory and State Formation in the Modern World*,
Cambridge: Polity Press, 1996.

Malcolm Anderson et al., *Policing the European Union*, Oxford University Press, 1996.

Hans J Briner, 'Regio Basiliensis: Bindeglied dreier Länder?', in: *Das Parlament*, No 3-4,
Januar 1984, p.7.

Hans J Briner (ed), *Regio: Ein Modell in Europa! Ein Modell für Europa?*, Basel: Regio
Basiliensis, 1988.

Christopher Harvie, *The Rise of Regional Europe*, London: Routledge, 1994.

Christopher Harvie, *Boundaries and Identities: The Walls in the Head*, Edinburgh:
International Social Sciences Institute, 1996.

Horst Heberlein, 'Grenznachbarschaftliche Zusammenarbeit auf kommunaler Basis', in:
*Die Öffentliche Verwaltung* (Zeitschrift für öffentliches Recht und
Verwaltungswissenschaft), Heft 3, Februar 1996, pp.100-109.

Horst Heberlein, *Kommunale Außenpolitik als Rechtsproblem*, Stuttgart: Kohlhammer,
1989.

Victor von Malchus, *Partnerschaft an europäischen Grenzen: Integration durch
grenzüberschreitende Zusammenarbeit*, Bonn: Europa Union Verlag, 1975.

David Martin, *1996 and all that*, Dalkeith (Group of the Party of European Socialists),
1995.

Jean-Christophe Rufin, *L'empire et les nouveaux barbares*, Paris: Editions Jean-Claude
Lattès, 1991.

James Scott et al (eds), *Border Regions in Functional Transition: European and North
American Perspectives on Transboundary Interaction*, Berlin: IRS (Institute for
Regional Development and Structural Planning), 1996.

Bill Wallace, 'Eastern Europe: Completing the Union and Creating a Major International
Player', paper given at the John Wheatley Conference "Making the New Europe
Work", at East Kilbride, Scotland, 28 February 1996.

Also Available from the International Social Sciences Insitute:


W C Runciman, *Some Afterthoughts on the Royal Commission on Criminal Justice*
A Public Lecture delivered to the Faculty Group of Law and Social Sciences on Monday 17 October, 1994

Christopher Harvie, *Boundaries and Identities: The Walls in the Head*
Lecture to inaugurate the Institute's annual theme for 1995-96: "Boundaries and Identities",
delivered on Wednesday 25 October, 1995

---

£ 2 each (incl p&p) from:

International Social Sciences Institute
University of Edinburgh
Chisholm House
1 Surgeon Square
High School Yards
Edinburgh EH 1 1LZ
Fax 0131-650 6345